rhythmische Kurzspiele

für Kindergarten, Musikschule
und zur Selbsterfahrung in der Familie

von Lucie Steiner und Ingrid Engel

GUSTAV BOSSE VERLAG REGENSBURG

Inhaltsverzeichnis

Bestell-Nr. BE 1290

ISBN 3-7649–1290-1
Layout: Peter Dorn
Druck: Niedermayr, Regensburg

Rhythmische Kurzspiele

Die „Rhythmischen Kurzspiele" sind gezielte Hilfen, wie man im Vorschulbereich mit dem Medium Bewegung sinnvoll und praktisch arbeiten kann.

Sie werden bei Kindern die Erlebnisfähigkeit steigern, Freude an Selbstdarstellung fördern und geistige und körperliche Regsamkeit bilden.

Viele Spiele sind so gefaßt, daß kleine Kinder über die Sinneswahrnehmung Erfahrungen sammeln können, die dann als Fundament für weiteres Lernen bedeutsam werden.

Das Wesentliche sagen die signalartigen Titel aus, die verdeutlichen, daß „Spiel" und „Regel" eine natürliche Einheit bilden, die auch Veränderungen zuläßt.

Viele zusätzliche Hinweise zum Hauptthema sollen deshalb als weitere Motivationshilfen für Kinder verstanden werden. Sie dienen der Anregung zur Einfallsfreude, der Belebung der Denkkraft, dem Hinführen zur Konzentration, dem Einstieg zum Bewußtwerden. Auf diese Weise wird erreicht, daß auch schon Kinder Einsicht in Zusammenhänge gewinnen.

Bei der Auswahl der Rhythmischen Kurzspiele haben wir drei wichtige Aspekte berücksichtigt: Jedes Kind soll individuell lernen können und sich im „Eigenrhythmus" selbst verwirklichen. Durch die Rhythmischen Kurzspiele soll es sich aber auch „einspielen" können in die Gemeinschaft einer Gruppe. Drittens soll beobachtendes Lernen und vielfältiges Sichtbarmachen von Bewegung sein Wahrnehmungsvermögen verfeinern und sein Mitempfinden stärken.

Ein Kind sagt in malender und zeichnender Form der Bewegung viel über sich selbst aus. Der gestaltende Rhythmus einer Kinderzeichnung ist deshalb ein wichtiger Bestandteil der Rhythmischen Kurzspiele.

Die Rhythmischen Kurzspiele sind elementare Grundübungen und tragen dem natürlichen und starken Bewegungsbedürfnis eines Vorschulkindes – das sich verständlicherweise oft impulsiv wehrt, wenn es als sitzendes Lernkind behandelt wird – Rechnung.

Auf der Basis dieser Rhythmischen Kurzspiele ist ein weiterer Aufbau möglich, vor allem im Hinblick auf die Entwicklung der Musikalität, der Sprache, des schöpferischen Gestaltens und des Umgangs mit Instrumenten. Deshalb können die Rhythmischen Kurzspiele jederzeit auch im Rahmen der Arbeit an Musikschulen Verwendung finden.

Rhythmische Erziehung spielt zu Beginn allen Lernens eine zentrale Rolle, da das Kind seinen Körper als Instrument erlebt und lernt, sich in der Körpersprache auszudrücken. Das ist für jedes Kind eine elementare Erfahrung. Das „rhythmisierte" Kind ist lockerer, wacher, selbstbewußter und aufnahmebereiter. Es wird daher auf Belastungen – die heute auch schon auf kleine Kinder zukommen können – positiv reagieren.

Der Erzieher hat auf diesem Weg eine wichtige Funktion. Seine Fähigkeit, eigene Impulse – und vor allem solche der Kinder – als aktives Spielelement aufzunehmen, ist ein wichtiger Faktor bei der Gestaltung dieser Rhythmischen Kurzspiele.

Auf diese Weise spielen sich Kinder lernend in ihre soziale Rolle ein.

Lucie Steiner und Ingrid Engel

April 1980

Methodisch-didaktische Hinweise

Kinder im Vorschulalter sind besonders aufnahmefähig für Gesten und Gebärden, die sie nachahmen. Die Sinnesorgane des Kindes reagieren auf alle Eindrücke, das Kind „atmet" gewissermaßen „ein", und in der Nachahmung des Aufgenommenen „atmet" es „aus".

Die Vorschuldidaktik muß dieser Erkenntnis Rechnung tragen. In erster Linie sollen die Kinder Grundfunktionen üben und Freude am Lernen haben; damit wird eine Überforderung im intellektuellen Bereich vermieden.

Das Medium der Bewegung führt zum Kern der Gesamterziehung. Die Rhythmischen Kurzspiele geben vielfältige, anregende Hinweise, auf welche Art und Weise die Erziehung des Kleinkindes positiv beeinflußt werden kann.

Bei keinem der Spiele soll Perfektion das Wichtigste sein, entscheidend ist vielmehr die unmittelbare Hinwendung zum Kind, das in seiner physischen und psychischen Individualität angesprochen wird.

Es empfiehlt sich eine Einteilung der Kurzspiele in vier große Bereiche, die natürlich oft ineinander übergreifen, einander ergänzen und aufeinander aufbauen.

1. Motorischer Bereich
2. Affektiver Bereich
3. Kognitiver Bereich
4. Sozialer Bereich.

Daraus geht hervor, daß die Kinder gleichzeitig zur körperlichen (Motorik-Sinne) und geistigen (Intellekt) Aktivität angespornt werden: Was sie als Eindruck empfangen haben, geben sie als Ausdruck weiter.

Das ureigene Bedürfnis eines Kindes am Bewegen, Erfinden und denkenden Handeln wird durch die Gemeinsamkeit mit anderen besonders verstärkt.

Motorischer Bereich

Für Kinder im Kindergartenalter bedeutet Handeln sich Bewegen. In jeder Erfahrung der Umwelt steckt Bewegung. Die Körperbeherrschung und die Schulung der Bewegung (Motorik) sind die Voraussetzung dafür, daß das Kind sich orientieren kann und seine Umwelt begreift: Eine Umwelt, in der wir leben, wohnen, sprechen und die wir miteinander selbst gestalten.

Die Körperschulung kann deshalb nicht nur über den Intellekt geschehen. Indem verschiedenste Körperbewegungen ausgeführt werden, „begreift" das Kind seinen Körper, registriert zunächst unbewußt die Reflexe und die auf den Körper bezogenen Empfindungen. Die Anpassung der Körperteile an Spannung und Entspannung der Muskeln soll anwendungs- und sachbezogen sein. Im freien Bewegungsverhalten soll das Kind seinen Eigenrhythmus finden, den es als individuelle Komponente in die Gruppendynamik einbringt. Eine natürliche Bewegung wird möglich, wenn der Organismus objektiv richtig funktioniert: Dann kann der Körper das Instrument für den subjektiven Ausdruck sein. Besonderen Wert sollte man auf die Schulung der Feinmotorik legen und durch Geschicklichkeitsübungen dem Kind ein positives Körpergefühl vermitteln. Dann wird es fähig, Steuerungsvorgänge nicht nur als gliedernde und ordnende Gesetzmäßigkeit zu erkennen, sondern Bewegung als vielfältiges und fantasievolles Element anzuwenden.

Affektiver Bereich

Ein Hauptziel jeder Erziehung soll sein, die kreativen Kräfte im Kind zu wecken. Dabei muß jeder Zwang vermieden werden. Alle Kinder haben das Recht auf individuelle Lösungen, sie müssen aber auch lernen, die Lösungen anderer zu akzeptieren.

Der Erzieher soll den Kindern Mut machen, Emotionen zu äußern. Objektiv Gegebenes ist der Rahmen für subjektiv Erlebtes. Das Neugierverhalten der Kinder spielt bei jeder neuen Aufgabe eine große Rolle. Die Schulung der Sinne trifft meist auf spontanes Interesse, da die sinnliche Wahrnehmung auf die Kinder unmittelbar wirkt. Sie werden gewissermaßen provoziert zu schöpferischem Verhalten: zum Probieren, Erfinden, Kombinieren – und das in möglichst vielen Medien (Musik, Sprache, Bewegung, Bild). Wenn z. B. akustische Eindrücke in optische umgeformt werden, kann das Malen als unmittelbares Bewegungselement erfahren werden.

Bei der freien Bewegung zu Musik wird schöpferisches Denken in Bewegung umgesetzt. Die sensomotorische Aktivität hat eine ausgesprochene Übertragungsfunktion, so daß auch in anderen Bereichen eine Verbesserung der Fähigkeiten beobachtet wird.

Das Zusammenspiel aller Sinne verstärkt das Ich-Gefühl des Kindes und führt zu einer gesunden Entwicklung seiner Gemütskräfte. Die eigenschöpferische Kraft kann den Kindern helfen, eingefahrene Denkschemata zu verlassen und hinführen zum erfinderischen Denken.

Durch gestärkte Aufnahmefähigkeit lernt das Kind differenzieren, seine sich steigernde Ausdrucksfähigkeit vermittelt in der Gemeinschaft – aber auch in der Familie daheim – wertvolle Impulse.

Die Erziehung zur Kreativität und Spontaneität soll der immer stärker technisierten und automatisierten Ausbildung entgegenwirken. Lob und Bestätigung sind die Voraussetzung dafür, daß das Kind eigene Lösungen probiert. Diese Art der Selbsterfahrung führt letztlich zum Selbstbewußtsein.

Kognitiver Bereich

Der Begriff des Kognitiven ist im Vorschulbereich mit Problematik behaftet. In diesem Alter soll das Erleben im Vordergrund stehen, nicht das schulische Lernen und auch nicht die reine Information. Das Leistungsdenken hat hier nur dann Platz, wenn sich ,,Lust zur Leistung" einstellt. Andererseits können Kinder die Wahrnehmung durchaus zur Kenntnis erweitern, sich z. B. die Wechselwirkung zwischen Musik und Bewegung bewußt machen. Lernen macht Spaß, wenn die Kinder sich für den Stoff interessieren. Die Lernfähigkeit ist als Bereitschaft zum Lernen vorhanden, das Abstraktionsvermögen jedoch kaum entwickelt. Eine frühe systematische Intellektualisierung würde daher schaden.

Wichtig ist eine günstige Atmosphäre für das Lernen, jede Überforderung soll vermieden werden, aber auch Zeitdruck und Langeweile. Lob bedeutet eine Verstärkung des Lernverhaltens, und die vielen kleinen Erfolgserlebnisse sind der Motor zu neuer Anspannung.

So kann die kognitive Entwicklung des Kindes positiv verlaufen, wenn zunächst die Funktionen geschult werden, die zur gesteigerten Wahrnehmung der Umwelt beitragen.

In den ersten Jahren hat das Kind insbesondere in der Familie gelebt. Im Kindergarten werden die sozialen Kontakte erweitert. Im Umgang mit Altersgenossen wird das Kind im Gruppenleben zunehmend selbständig.

Die Rhythmischen Kurzspiele bieten vielerlei Möglichkeiten, sich die Sprache ,,einzuverleiben'', über die Bewegung den Sinngehalt zu erfassen. Sprache ist das Medium des Denkens und Sprachschulung ist immer auch Denkschulung.

Sozialer Bereich.

Ein Urtrieb des Menschen ist die Hinwendung zum anderen Menschen. Alle Interaktionen haben Mitteilungscharakter. Sprechen und Schweigen, Zuwendung und Abneigung signalisieren ganz bestimmte Beziehungen zwischen Menschen.

Das soziale Lernen tritt im Kindergartenalter in eine entscheidende Phase. Die Verhaltensweisen in der Gruppe sind geprägt von verschiedenartigen Gefühlen, von Sympathie, Antipathie, Eifersucht, Geltungsbedürfnis. Negative Gefühle sollen nicht unterdrückt, sondern kompensiert werden. Das ist für Kinder zunächst schwierig, weil sie nicht gelernt haben, Gefühle zu verarbeiten. Durch Gemeinschaftserlebnisse wie Musizieren, Bewegen in der Gruppe, gemeinsames Gestalten entsteht ein starkes Zusammengehörigkeitsgefühl. Es kommt nicht darauf an, nur die Eingliederung in die Gemeinschaft zu lernen, die Abgrenzung der eigenen Persönlichkeit ist ebenfalls wichtig. Die Kinder erleben, daß Gemeinschaft die Summe vieler Individuen ist. Über- und Unterordnung, Führen und Folgen sind gleich bedeutsam, die Gruppe bewegt sich ständig im Spannungsfeld zwischen Individium und Gemeinschaft.

Das Kind lernt, seinen Eigenrhythmus in den Gruppenrhythmus einzubinden, es muß gegebenenfalls verlangsamen oder beschleunigen. Gemeinsame Bewegungskompositionen verlangen Anpassung, Auseinandersetzung und Bewältigung von Konflikten. Schwächeren Kindern und sogenannten ,,Einzelgängern'' sollte der Erzieher oft eine wichtige Rolle übertragen (z. B. Dirigieren, Spielregeln erklären . . .), um ihre soziale Stellung innerhalb der Gruppe aufzuwerten, Hemmungen abzubauen und Verantwortung tragen zu lernen.

Gegenseitige Rücksichtnahme ist die Voraussetzung für eine befriedigende Kommunikation. Das Selbstbewußtsein des Einzelnen stößt an Grenzen, wenn die Freiheit der Anderen berührt wird.

Ausländerkinder

Der Anteil der Ausländerkinder ist in den letzten Jahren ständig angestiegen, so daß sich im verstärkten Maße die Frage nach der Integration dieser Kinder stellt. Es hängt entscheidend von der Haltung des Erziehers ab, ob dieser Prozeß positiv verläuft. Im Kindergarten kann der Grundstock für ein tieferes Verständnis füreinander gelegt werden, das zur Entwicklung von tolerantem Verhalten Voraussetzung ist.

Die Rhythmischen Kurzspiele bieten eine ideale Möglichkeit, in den Prozeß der Integration einzugreifen und diesen zu beschleunigen. Die Entwicklung des Bewegungssinnes steht im Vordergrund, vor allem das Erlebnis des eigenen Körpers. Die Körpersprache ist international! Die Kommunikation über die Körper- und Gebärdensprache führt zur verstärkten Kontaktnahme, zum Interesse der Kinder aneinander und zur Interaktion.

Die Erfahrung mit dem eigenen Körper und die musikalische Erfahrung können auf andere Medien übertragen werden. Diese Transfer-Funktion ist wichtig, weil sie Sprachbarrieren beseitigt und auch zur Differenzierung im Umgang mit der Sprache führen kann.

Der Erzieher sollte möglichst fantasievoll und anregend mit dem Medium Bewegung umgehen, um alle Kinder über die Selbsterfahrung zum Selbstbewußtsein zu führen. Der „Austausch" nationaler Kinderlieder stellt ebenfalls eine wichtige Komponente dar.

In der schöpferischen Kommunikation zwischen Kindern verschiedener Nationalität wird die Sensibilität vermittelt, die im täglichen Umgang miteinander nötig ist. Die Kinder lernen im Spiel, daß das menschliche Zusammenleben aus Geben und Nehmen, aus Toleranz und Selbstbehauptung, aus gegenseitiger Verantwortlichkeit besteht. So kann schon im Kindergarten die Erziehung zur Freiheit eine entscheidende Rolle spielen, und nur freie Individuen schaffen eine freie Gesellschaft.

Geräte und Instrumente

Geräte sind bei den Rhythmischen Kurzspielen als greifbare Symbole eingesetzt. Sie dienen als Vorstellungs- und Koordinationshilfe und als körperhafte Ausweitung bei der Schulung aller Sinne. Geräte sind die „stummen Partner" zur Förderung von Formauffassung und Situationsverständnis.

Das elementare Instrumentarium – auch als Orff-Instrumentarium oder „kleines Schlagwerk" bekannt – sollte nicht fehlen. Bei Kindern dieser Altersgruppe verbinden sich instrumentale Aktivitäten meist mit Erlebnisinhalten. „Spiel"-Situationen mit Instrumenten und Geräten wecken unmittelbar Interesse, Neugierde und Konzentration. Sie fördern das Wahrnehmungsvermögen und das Sozialverhalten und können deshalb wesentlich zur Gesamtentwicklung der Kinder beitragen.

Die wichtigsten Geräte für Kinder sind: Bälle, Reifen, Seile, Hölzchen, Tücher, Holz- oder Metallstäbe, japanische Papierbälle, Pappscheiben, Tischtennisbällchen, Luftballons, Tapetenrollen, Papier zum Malen und Falten, Bleistifte und Buntstifte, Farbkreiden, sowie verschiedenartiges Bastelmaterial zum Experimentieren.

Wünschenswerte Ausstattung für eine Kindergruppe:
1 Tenor-Alt-Xylophon, 1 Sopran-Xylophon, 1 Holzblocktrommel, 1 Röhrentrommel, 3 Paar Klanghölzer, 3 Handtrommeln unterschiedlicher Größe, 1 Pauke, 2 Paar Cymbeln unterschiedlicher .Größe, 3 Triangeln unterschiedlicher Größe, 1 hängendes Becken, bzw. Gong, 1 Schellenkranz, 1 Sopranglockenspiel, 1 Altglockenspiel, mehrere Filzkopf-Holzkopf- und Gummikopfschlägel, verschiedene Rasseln. Bei Stabspielen (Xylophon und Glokkenspiel) ist es wegen der Stimmung ratsam, Markeninstrumente anzuschaffen. Viele Instrumente können aber auch selbst hergestellt werden. Die Abhängigkeit des Klanges vom Material und der Art der Tonerzeugung wird hierbei bewußt erlebt und führt zum differenzierten und bewußten Umgang mit den Instrumenten.

Die ordnende Übersichtlichkeit bei Geräten und Instrumenten ist wichtig für die Bereitschaft der Kinder, damit richtig umzugehen. Beim Spiel mit Instrumenten darf die zarte Kinderstimme nie übertönt werden. Der Erzieher sollte daran denken, daß das wichtigste „Instrument" die menschliche Stimme ist!

Malen

Die Rhythmischen Kurzspiele sollen die Gesamtentwicklung der Kinder positiv beeinflussen. Das Malen ist ein wichtiger elementarer Ausdruck kindlichen Wollens. Zunächst malt das Kind, ohne sich das Dargestellte zu überlegen (Kritzelstadium). Manchmal wird nachträglich ein Inhalt hineinprojiziert. Das Malen, die Gestaltung ist immer wichtiger als das Ergebnis.

Die Darstellung von Erzähltem (Märchen) oder Erlebtem (gemeinsames Spiel) ist der nächste Schritt. Die Kinder lernen, ihre Umwelt genauer zu betrachten. Das Auge wird kritisch und beginnt zu unterscheiden. Farb- und Formgefühl entwickeln sich gleichermaßen, wenn die Kinder malen (Flächen füllen) und zeichnen (Linien, Umrisse). Durch aufmerksames Betrachten der Natur und der kindlichen Umwelt wird die Farbe zum Erlebnis: Es macht Spaß, Grundfarben zu benennen, hell und dunkel zu unterscheiden, zu ordnen, zu kombinieren, zu mischen.

Kinder experimentieren gerne, deshalb sollen möglichst viele Maltechniken erprobt und auch das Kneten und Formen miteinbezogen werden. Die feinmotorische Schulung, die Sensibilisierung der Fingerspitzen, die rhythmische Schwungbewegung schaffen gute Voraussetzungen für das spätere Instrumentalspiel, für das Schreiben und Handwerken.

Malen, bei dem die Darstellung des Wahrgenommenen im Mittelpunkt steht und ins Bild übertragen wird, kann zu einem wichtigen Faktor der Begriffsbildung werden: Optisches verdeutlicht die Begriffe. Die Kinder lernen durch Bilder (visuelle Denkhilfe z. B. beim Behalten von Texten) und denken in Bildern.

Die Entfaltung der individuellen Fantasie steht bei der malerischen Gestaltung im Vordergrund. Gruppenarbeiten (gemeinsames Malen auf Tapetenrollen oder Erstellen von Collagen, Wandfriesen und Reliefs) dienen dazu, gemeinsame Lösungen zu finden. Das erfordert Konzentration und die Bereitschaft, „Hand in Hand" zu arbeiten, also spielerisch geübtes Sozialverhalten.

Motorischer Bereich

Fingerspiele

Feinmotorik

Die Kinder sitzen um den Tisch, die Hände liegen auf der Tischplatte. Die Hände werden zur Faust geballt, gespreizt, ausgeschüttelt, gekreist, auf- und abbewegt.
Fingerspiele: krabbeln, klopfen, scharren, streicheln, laut und leise pochen . . .
Die Haltung der Hand ist leicht gekrümmt, so daß die Finger aufrecht stehen. Nacheinander klopfen die Finger auf den Tisch: Daumen, Zeigefinger, Mittelfinger, Ringfinger, kleiner Finger.

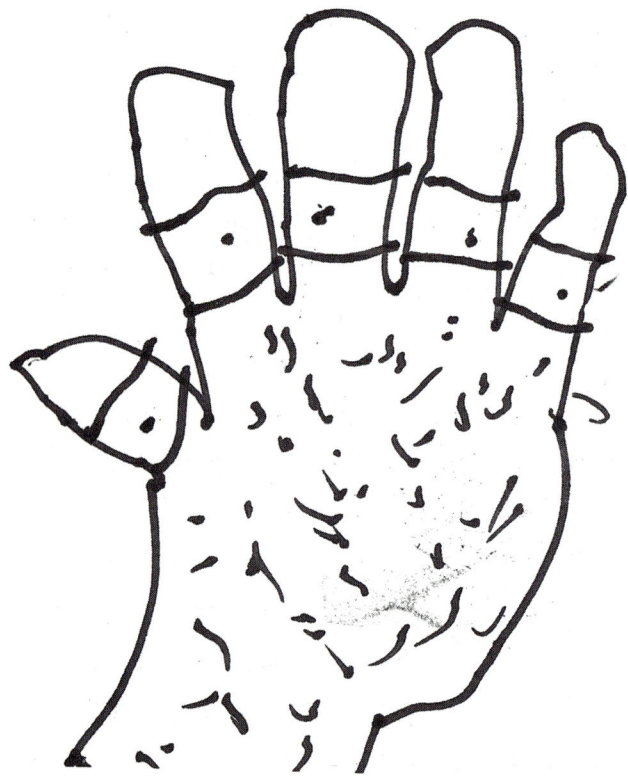

Diese Reihenfolge wird zunächst eingehalten. Ein Kind bestimmt das Tempo, das sich ändern kann.
Durch Signalrufe „Mittelfinger". . . oder „Daumen" kann die Reihenfolge geändert werden.
Besonders beliebt sind Zählreime wie:
Das ist der Daumen . . .
1, 2, 3, 4, 5, strick mit ein paar Strümpf . . .
1, 2, 3, 4, 5, 6, guckt heraus die alte Hex . . .
1, 2, 3, 4, 5, 6, 7, eine alte Frau kocht Rüben . . .

Ballspiele

Geschicklichkeit und Tempo

Spielball oder Gymnastikball
Kinder spielen gerne mit dem Ball, sind aber zunächst merkwürdig ungeschickt im Umgang mit diesem Gerät. Spiele mit dem Ball sollen deshalb möglichst einfach beginnen und mit zunehmender Geschicklichkeit der Kinder im Schwierigkeitsgrad gesteigert werden.
Die Kinder können den Ball
hin- und herrollen,
auf den Boden prellen,
an die Wand werfen,
hochwerfen und fangen,
auf der Hand balancieren . . .

Variante: Je zwei Kinder haben einen Ball und spielen sich bewegungsmäßig aufeinander ein. Besonders beim Zuwerfen und Auffangen müssen beide Kinder genau koordinieren.
Der Erzieher gibt einen Grundschlag auf der Trommel, die Kinder teilen die Zeit für das Zuwerfen ein. Wenn alle Kinder gut eingespielt sind, wechselt das Tempo (langsamer – schneller).

Pusten und blasen

Atemübungen

Tischtennisbällchen, Kerzen
Pusten: Die Kinder sitzen um einen Tisch und pusten sich gegenseitig ein Tischtennisbällchen zu. Jedes Kind muß genau aufpassen, wann das Bällchen in seine Reichweite kommt, um es mit einem gezielten Atemstoß von sich weg zu blasen. Der Erzieher fordert nach einiger Zeit die Kinder auf, eine markierte Stelle zu treffen (etwa: Angela soll zu Rolf blasen . . .). Es kommt vor allem darauf an, den Atem ganz bewußt einzusetzen, um die Richtung durch mehr oder weniger kräftiges Pusten zu bestimmen.

Wettpusten: Die Kinder pusten von einer bestimmten Stelle aus ihre Bällchen auf dem Boden oder über den Tisch. Welches Bällchen rollt am weitesten?

Eine Kerze wird angezündet. Jedes Kind darf die Kerze mit einem einzigen kräftigen Atemstoß auspusten. Dazu bedarf es besonderer Konzentration.

Das langsame, gezielte Ausatmen wird geübt, indem eine Flamme durch schwaches Blasen in Schräglage gebracht wird. Die Flamme darf nicht ausgelöscht werden!

Hinweis: An Kindergeburtstagen wird probiert, wer durch einen einzigen Atemstoß möglichst viele Geburtstagslichter gleichzeitig ausblasen kann.

Körperschulung und Körperbeherrschung

Gesetzmäßigkeiten des Bewegens erfahren

Die Kinder gehen im Raum, auf Zuruf verharren sie in einer bestimmten Position:
in der Hocke,
auf den Zehenspitzen,
auf einem Bein,
auf allen Vieren,
sitzend – Beine gegrätscht, angezogen,
liegend – auf dem Bauch,
auf dem Rücken,
Beine geschlossen,
Beine gespreizt – ein Bein nach oben – ,,Kerze'',
stehend – aufrecht, mit hängenden Schultern – ,,Turm'' –
,,Brücke'' – ,,Waage''. . .
Die Übungen sollen mit ruhigen Bewegungen ausgeführt werden, immer soll auf Balance geachtet werden.

Tasten, balancieren, pendeln, fangen

Grob- und Feinmotorik, Geschicklichkeit

Lange Holzstäbe, Papier und Malkreiden.
Die Kinder haben lange Holzstäbe in den Händen, die sie abtasten. Sie fühlen mit den Fingerspitzen die Rundung und die Länge der Stäbe. Sie streichen gleichmäßig langsam oder schnell am Stab entlang, abwechselnd mit der rechten und der linken Hand.

Kinder legen die Stäbe in eine Reihe und rollen sie gleichmäßig vor und zurück. Sie legen die Stäbe genau nebeneinander und balancieren darauf. Danach hüpfen sie auf einem Bein abwechselnd rechts und links vom Stab, wobei dieser die Längsachse bildet. Bein wechseln!

Die Kinder tragen den Stab auf der ausgestreckten Hand, ohne ihn zu verlieren. Sie müssen dazu genau die Mitte des Stabes erfühlen. Der Stab wird auf den Boden gestellt, die Kinder fassen ihn mit einer Hand an. Sie gehen in die Hocke, hüpfen auf einem Bein um ihn herum, springen in die Höhe, ohne den Stab zu verschieben. Sie lassen ihn seitwärts fallen und fangen ihn – bevor er den Boden berührt – auf.

Die Kinder lassen den Stab in der Hand pendeln. Die Pendelbewegung soll genau mit einem gegebenen Metrum übereinstimmen, die Bewegung kann also schneller oder langsamer sein.

Malen: Die Pendelbewegung mit Farben auf ein Papier übertragen. Auch gute Übung für Linkshänder: mit 2 Kreiden gleichzeitig malen.

Die Kinder haben in jeder Hand eine Malkreide, so entstehen zugleich 2 Linien.

Übungen mit dem Stuhl
Körperschulung und Begriffsbildung

Elementare Instrumente und Stühle
Stühle stehen verteilt im Raum. Auf jedem Stuhl sitzt ein Kind. Auf ein Signal (Triangel) und Zuruf sollen die Kinder
– unter dem Stuhl hindurchkriechen,
– über den Stuhl klettern,
– die Lehne anfassen und auf einem Bein in die Hocke gehen,
– eine Standwaage machen,
– möglichst unhörbar auf den Stuhl klettern,
– ganz leise vom Stuhl herunterspringen,
– zwischen den Stühlen spazierengehen und auf weiteren Zuruf sofort auf den eigenen Stuhl sitzen.

Bei allen Übungen kommt es darauf an, sie so exakt wie möglich durchzuführen und rasch zu reagieren.

Variante: Wenn die Kinder unter dem Stuhl hindurchkriechen, soll dieser nicht berührt werden.

Begriffsbildung: Auf Zuruf stehen die Kinder vor, hinter, neben dem Stuhl oder sie liegen unter oder stehen auf dem Stuhl.

Diese Übung kann mit Tönen verbunden werden: Bei den tiefen Tönen liegen die Kinder unter dem Stuhl, bei den hohen Tönen stehen sie auf dem Stuhl.

Begriffsbildung mit Hörübung:
Triangel – vor dem Stuhl stehen,
Hölzchen – neben dem Stuhl stehen,
Trommel – hinter dem Stuhl stehen.

Die Koordination mit Klängen erhöht die Aufmerksamkeit, weil die sprachliche Anweisung ausgespart wird. Die Informationen werden als Aufforderung zur Reaktion über die Klänge vermittelt, die dann einer bestimmten Bewegung zugeordnet werden.

Atem und Stimme
Steuerungsvorgänge beim Atmen

Die Kinder sitzen im Schneidersitz. Sie atmen ein (Arme anheben), sie atmen aus (Arme fallen lassen). Bei jeder neuen Übung soll versucht werden, mehr einzuatmen und dabei die Arme ein Stück höher zu heben. So wird die Atemkapazität gesteigert.

Nach mehrmaliger Übung singen die Kinder beim Ausatmen leise einen Ton. Auch bei längerer Tondauer soll dieser nicht gepreßt klingen.

Die Kinder liegen auf dem Boden, die Hände über das Zwerchfell gelegt. Sie atmen ein, halten den Atem kurz an und atmen möglichst langsam aus. Diese Übung oft wiederholen, dabei besonders das Ausatmen bewußt steuern.

Hecheln: Die Kinder atmen mit kurzen, kräftigen Stößen (wie ein Hund hechelt) und liegen danach völlig ruhig. Dieselbe Übung wird auf verschiedenen Silben wiederholt (z. B. ha-ha, he-he, ho-ho . . .).

Die Kinder atmen im Liegen ganz gleichmäßig ein und aus und zählen dabei in Gedanken: 1, 2, 3, 4 . . . Die Atemmenge soll allmählich gesteigert werden (etwa bis 6 zählen).

Atemspiele mit Materialien
Atem kontrollieren

Tücher, Japanbälle, Luftballons, Seifenblasen.

Die Kinder stehen ruhig und halten Tücher in den Händen.

Hecheln: Tücher vor das Gesicht halten, dagegenblasen, die Bewegung des Tuches kontrollieren.

Die Tücher mit „Atemstütze" in der Luft bewegen.

Langes Ausatmen: Luftballons und Japanbälle aufblasen. Atemmenge vergrößern, so daß die Ballons immer größer werden.

Seifenblasen herstellen, in die Luft blasen. Die Atemmenge soll genau dosiert sein, die Kinder beobachten das Verhältnis zwischen Atemstärke und Geschwindigkeit.

Das Ziel ist die Kontrolle über den Atemapparat. Das Ein- und Ausatmen soll vom Willen gesteuert und die Atemmenge langsam gesteigert werden.

Beachten: keine Überanstrengung, keine verkrampften Gesichtsmuskeln, Schultern nicht hochziehen, möglichst locker liegen, sitzen oder stehen.

Das Seifenblasenspiel ist auch als Wettspiel geeignet: Wer kann am weitesten pusten, ohne daß die Seifenblase platzt? Wieviel Atemstöße benötigt jedes Kind?

Spuren

Fein- und Grobmotorik

Farbkreiden, Seile
Kinder malen mit einer Farbkreide eine „Spur", mit einer anderen Farbe versuchen sie, diese Spur in geringem Abstand zu verfolgen. Es können viele weitere Spuren aufgemalt werden, daß auf diese Weise rhythmische Bewegungsmuster entstehen.

Die Spuren können auch mit Seilen auf den Boden gelegt werden, man balanciert mit bloßen Füßen auf den Seilen den Spuren entlang.

Nachahmung im Körperspiel

Bewegungsarten

Ein Kind bewegt sich auf eine bestimmte Art im Raum: kriechen, krabbeln, hüpfen, gehen, laufen, galoppieren, rennen, rutschen . . .

Zuschauende Kinder beschreiben die Art der Bewegung (der Bauch ist am Boden . . . der Körper robbt vorwärts . . . Füße und Beine schieben den Körper vorwärts . . .)
Alle Kinder ahmen eine Bewegungsart nach. Verschiedene Bewegungsarten werden nacheinander ausprobiert. Man kann abwechseln zwischen Bewegungsarten am Ort und im Raum, zwischen langsamen und schnellen Bewegungsarten.

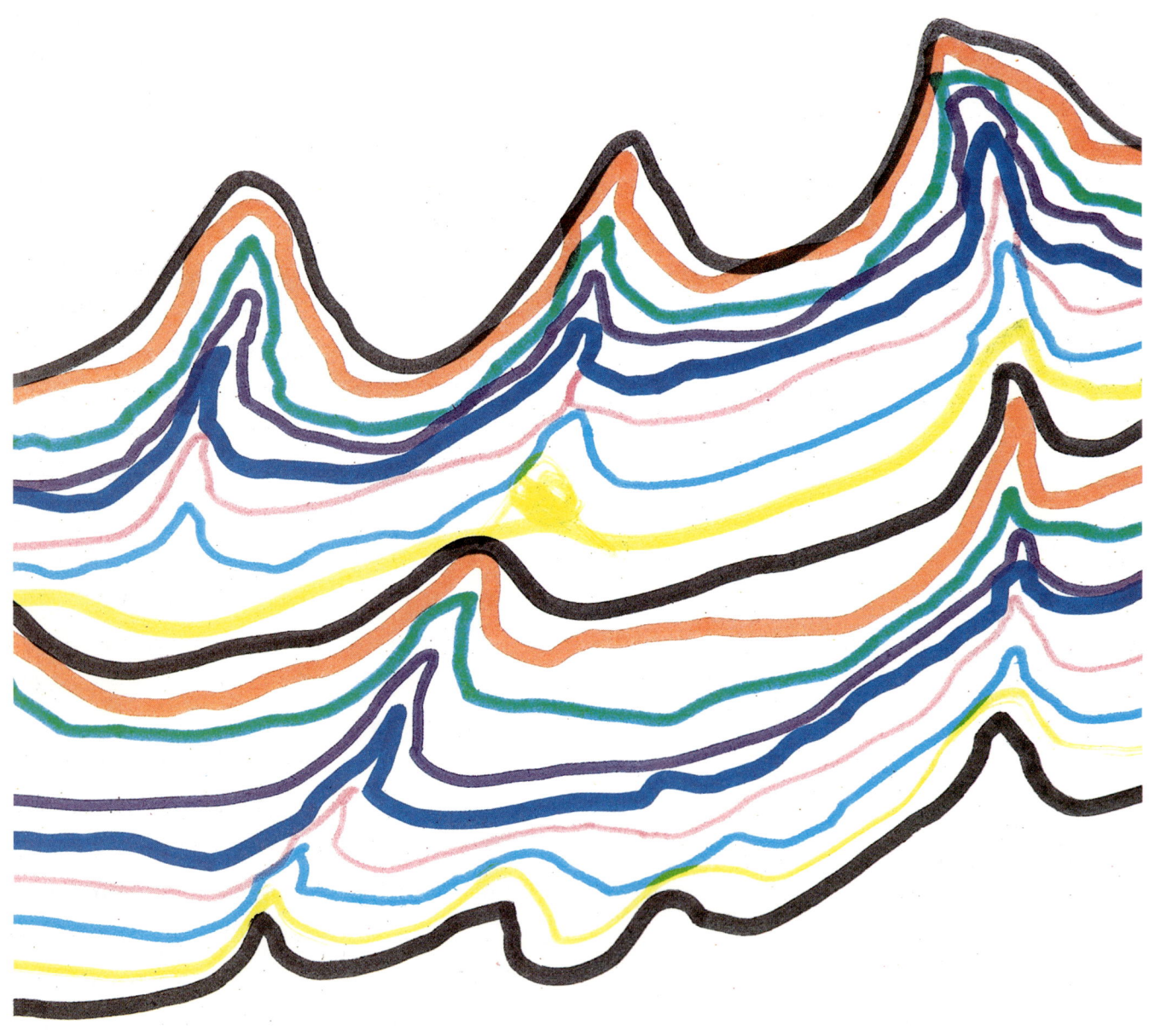

Unsere Füße
Bewegungsschulung

Papier zum Ausschneiden, Farbkreiden, Klebstoff oder Klebeband.

Kinder haben Zeitungspapier, einige stehen mit bloßen Füßen darauf, andere umkreisen den Fuß mit Farbe, so daß man später diese Fußmuster ausschneiden kann. Man kann für „links" und „rechts" auch verschiedenfarbiges Papier nehmen oder zum Umkreisen verschiedene Farben, wobei man beim Ausschneiden diesen Farbrand stehen läßt. Die Fußmuster werden aufgeklebt oder auf verschiedene Weise auf den Boden gelegt. Man kann große und kleine Abstände legen und verschiedenste „Schrittformen" im Muster kombinieren.

Die anschließende Bewegung auf diesen Fußspuren gibt Aufschluß über Geschicklichkeit und individuelle Fähigkeit des Kindes zu koordinieren.

Auch im Sandkasten lassen sich viele schöne Muster mit bloßen Füßen treten, aber auch originelle Spurenmuster, wenn man verschiedene Schuhe trägt oder Materialien (Stoff, Holz, Seile, Karton) an die Füße bindet.

Klang-Wechsel
Klänge bei Raumerfahrung

Kinder klopfen oder patschen gemeinsam mit den Händen auf einen Gegenstand im Raum: auf Wand, Fußboden, Tische, Stuhllehne, Schrank oder Regal. Sie wechseln gleichzeitig von Gegenstand zu Gegenstand und erzeugen tiefe, hohe, laute, leise, dumpfe, helle, hohle … Klänge und Geräusche.

Den Kindern wird bei ihrem Weg durch den Raum bewußt, daß es ganz unterschiedliche Höreindrücke gibt. Diese Eindrücke ergeben sich aus dem Zusammenhang: Durch verschiedene Resonatoren wirkt der Klang hart oder weich, klar oder nasal. Die physikalischen Gesetze werden durch die Erfahrung wahrgenommen; lange Erklärungen erübrigen sich, weil die Kinder selbst die Zusammenhänge entdecken. Die logische Schlußfolgerung von Ursache und Wirkung wird von den Kindern selbständig gezogen und ihre Aufmerksamkeit verstärkt auf die Höreindrücke der Umwelt gelenkt. Diese Art des Lernens macht den Kindern besonders viel Spaß, weil sie in der Rolle des Entdeckers ihre Umwelt erobern dürfen.

Auch das Erlebnis des Raums rückt in andere Dimensionen: Der Raum wirkt durch die unterschiedlichen Klangqualitäten auf eine neue Weise „belebt". Die erfühlte Atmosphäre des Raums und das Sich-Wohlfühlen in einem Raum verstärken kreative Prozesse.

Der springende Ball

Akustisches und optisches Bewegungs-muster

Ball
Kinder beobachten gemeinsam einen ein-zelnen Ball, wie er – mit Kraft auf den Boden geprellt – im großen Sprung auf-hüpft, wie seine Sprünge immer schneller und leiser werden und wie der Ball allmäh-lich ausrollt. Die Kinder begleiten das Auf-prellen mit Klatschen und spüren deutlich das Schneller- und Leiserwerden. Sie zeichnen die Bewegungssprünge des Balles in der Luft nach und merken, daß die Sprunghöhe des Balles allmählich kleiner wird.
Sie malen einen Ball und seine Bewegung. Sie malen einen Ball und notieren die leiser werdenden Geräusche.

Singen, klatschen, gehen

Kombiniertes Lernen durch Sprache, Rhythmus und Bewegung

Rhythmik und Sprache haben vieles ge-meinsam. Wenn Kinder singen, fällt es ihnen leicht, im Sprachrhythmus dazu zu klatschen. Bei gleichzeitigem Gehen (im

Metrum) werden Sprache, Rhythmus und Bewegung koordiniert. Für manche Kin-der ist dieses kombinierte Lernen eine Selbstverständlichkeit. Sie können beim Notieren und Malen der erlebten Aktion viel Fantasie entfalten.

Nebeneinander – übereinander
Beidhändigkeit

Farbkreiden, Tapete
Beide Arme machen dasselbe: zwei Kreise in der Luft, Wellen, Pendelbewegungen, auf- und abwärts, Punkte (wie Regen) oder Quadrate. Die Bewegungsspiele können nebeneinander und übereinander probiert werden.

Musik vermittelt verstärkten Bewegungsimpuls. Kinder können gleichzeitig auf der Rückseite einer Tapete malen, Spielregeln für Bewegungsmuster können sich auch durch Zuruf ergeben. Die Motorik gleicht sich meist dem Metrum der Musik an.

Der Erzieher erklärt den Kindern, daß sie mit beiden Händen möglichst gleichmäßig malen sollen. Natürlich fällt es zuerst schwer, sich von der Dominanz der starken Hand zu lösen. Deshalb ist eine Kontrolle des Bewegungsablaufes nötig. Durch Übung gewinnt das Kind Geschicklichkeit.

Bewegungskontrast
Einzel- und Gruppenspiel

Zunächst sollen Kinder von sich aus versuchen, Bewegungskontraste zu finden, dann im gemeinsamen Gruppenspiel – vereinbart durch Spielregeln (indem z. B. ein Kind eine Bewegung zeigt und die Gruppe gemeinsam die Kontrastbewegung findet oder zwei Gruppen im Wechsel kontrastierende Bewegungen machen). Einzelne Kinder können auch als Impulsgeber fungieren, indem sie durch Zuruf die Bewegung auslösen.

Beispiele:
laufen – gehen oder schleichen,
tief bücken – hoch strecken,
steif anspannen – locker hängen lassen,
mit dem Fuß leicht tippen – mit dem Fuß stampfen,
auf den Boden liegen – im Raum gehen,
Krallenhände machen – Finger spreizen,
in die hohle Hand klatschen – auf den flachen Handrücken klatschen . . .

Die Bewegungskontraste können noch akzentuiert werden, wenn man gliedert in Bewegungsarten, die sich im Raum abspielen: am Ort, stehend, sitzend, im Kreis. Ruhe und Lebendigkeit, Grob- und Feinmotorik können erfahren und gefördert werden.

Die Kinder erleben akustisch und optisch die Bewegungskontraste laut-leise, hoch-tief, langsam-schnell. Später kann der Erzieher den Geschmacks- und Tastsinn der Kinder schulen: etwa süß-sauer, heiß-kalt, hart-weich.

Der nächste Schritt führt zur Begriffsbildung. Kontraste wie alt-neu, reich-arm und ähnliche abstrakte Begriffe werden dem Kind spielerisch nahegebracht und so seinem Sprachschatz einverleibt.

Tippen, rollen, sprechen
Bewegung und Sprache

Ball

Kinder tippen mit den Fußspitzen einen Ball so leicht an, daß er nur wenig wegrollt. Er wird wieder mit den Zehen angehalten. Der Körper soll dabei ruhig und im Gleichgewicht gehalten werden.

Wenn die Kinder genügend Fertigkeit, Balance und Feingefühl im Umgang mit dem Ball entwickelt haben, kann das Spiel variiert werden. Diesmal erhalten zwei Kinder einen Ball und versuchen, sich aufeinander einzuspielen. Der Abstand zwischen den Kindern darf nicht groß sein, so daß der Ball jederzeit in der Reichweite der Füße liegt. Diese Übung verlangt von den Kindern ein hohes Maß an Konzentration und Selbstbeherrschung, da die Fußarbeit ganz exakt sein muß.

Kinder bilden einen Kreis, knien oder sitzen mit Blick zur Kreismitte und rollen einen Ball diagonal von Spielpartner zu Spielpartner.

Die Kinder verfolgen den Ball mit den Augen und üben das Rollen und Auffangen. Der Schwung des Abstoßens kann mit Signalsilben wie ,,hopp", ,,roll", ,,weg", ,,puh". . . begleitet werden. Durch die Verbindung von Sprache und Bewegung wird das Wort unwillkürlich deutlich artikuliert.

Nach einiger Übung kann man auch Worte untereinander in Beziehung bringen und gruppieren: Namen der Kinder, oder Namen von Tieren, von Blumen oder Gegenständen des Raumes.

Die Kinder, die konzentriert darauf warten, ob der Ball bei ihnen ankommt, sind fortwährend motiviert, immer neue Worte zu finden, damit das Spiel im zügigen Tempo bleibt.

Spannung – Entspannung
Dosieren von Kraft

Gong
Die Kinder sitzen am Boden. Beim
1. Signal (ein Gongschlag): Die Kinder versuchen einen Spannungszustand in Hand, Fuß, Bein ... im ganzen Körper zu spüren und diesen sichtbar auszudrücken.
2. Signal (zwei Gongschläge): Der Spannungszustand löst sich, die Gliedmaßen werden locker und die Entspannung wird sichtbar.
Vorstellungshilfen: Zusammenziehen in der Spannung, als würde man frieren; Lösung in der Entspannung, als fühle man sich wohlig warm.
Die Signale sollen nicht zu schnell aufeinander folgen. Die Übungen können auch variiert werden, indem nur die Mimik beachtet oder die Ausgangsstellung verändert wird:
– auf dem Boden liegend,
– auf einem Bein stehend,
– auf den Zehen balancierend.

Feine Stäbchen
Grob- und Feinmotorik, Gleichgewicht

Leichte Stäbchen oder lange Bleistifte
Kinder balancieren auf geöffneter Handfläche feine Stäbchen oder lange Bleistifte. Sie gehen damit langsam im Raum, führen die Hand auf und ab und achten auf Gleichgewicht und Balance.
Geschickte Kinder können mit beiden Händen das Gleichgewichtsspiel ausführen und Körperbeherrschung und Selbstbeherrschung üben, indem sie sich während des Balancierens auf den Boden setzen oder auf einen Stuhl steigen.
Man kann einen Bleistift auch zwischen Nase und Oberlippe legen. In diesem Fall ist es unmöglich zu sprechen, ohne den Bleistift zu verlieren. Die Haltung ist aufrecht.

Affektiver Bereich

Tasten und riechen
Sinnesschulung

Korb mit Gemüse und Früchten
Die Kinder sprechen über Früchte und die verschiedenen Gemüsearten, die ihnen bekannt sind. Die Eigenarten der Formen, Farben und Gerüche werden besprochen, die Grundformen aufgemalt.

An einem der nächsten Tage richtet der Erzieher einen Korb mit verschiedenen Gemüsen und Früchten her.

Die Kinder tasten mit geschlossenen Augen die Formen ab, erfühlen die Struktur der Oberfläche und riechen an den Früchten. Sie beschreiben mit eigenen Worten, was sie durch ihre Sinne aufgenommen haben.

Wer erkennt den Apfel, die Banane, die Tomate, den Rettich, die Orange?
Gemeinsam wird zum Schluß ein großes Bild gemalt oder geklebt, auf dem alle Gemüse und Früchte abgebildet sind.

Klang und Geräusch
Hörumwelt

Die Kinder werden dazu angeregt, aufmerksam ihre gesamte Hörumwelt zu beachten.

Welche Geräusche machen Holz, Metall, Fensterglas, eine Autohupe, Hundegebell, Regentropfen, Türeschlagen, Schritte im Raum, Windrauschen . . .

Die Kinder ahmen mit der Stimme Geräusche und andere Klänge nach. Sie versuchen, Unterschiede zwischen Klängen und Geräuschen zu entdecken.

Sie bemerken, daß die Unterscheidung oft schwierig ist, ja daß Geräusche eigentlich auch verschiedene ,,Klangfarben'' haben.

Spiel mit Geräusch und Klang

Bewegungserfindung

Klanghölzer, Rasseln, Becken
Die charakteristischen Klang- und Geräuschstrukturen verschiedener elementarer Instrumente lassen sich in Bewegung umsetzen.

Zum Klanghölzerspiel (im freien ungebundenen Spiel) kann man kurze, spitze, ruckartige Bewegungen erfinden. Die Rasselgeräusche übertragen unruhige „geschüttelte" Bewegungen.
Bei einem Beckenklang kann der Körper langsam schwingen.

Blume und Sonne
Formgefühl und Fantasie

Eine Kindergruppe versucht mit dem Körper eine „Sonne" oder eine „Blume" darzustellen.

Beispiele: Kinder legen sich mit dem Rücken auf den Boden, Köpfe als Mittelpunkt, Beine nach außen. Die „Strahlen" der Sonne oder die „Blütenblätter" der Blume können durch verschiedene, geringfügige Veränderungen der Arme, Beine, Finger, des sich emporreckenden Oberkörpers ... fantasievoll gestaltet werden.

Die beobachtende Gruppe regt zu solchen Veränderungen an: Hände halten, Beine gestreckt, auseinander, Knie angezogen, Beine an den Partner, Hände langsam hoch, angefaßt, Finger gespreizt, Hände überkreuzt, Augen geschlossen, offen, Kopf in Bewegung – sich auf den Bauch legen, Beine wippen, Arme am Körper – nach oben, an die Schulter des Partners ... Kinder sollen Blumen betrachten, ihre Formen und Farben, die verschiedene Anordnung der Blüten.

Blumen pflücken, daran riechen, ordnen (zu Kränzen, Sträußen, Blumenblüten zu Bildern gruppieren ...) sind Lieblingsbeschäftigungen von Kindern, die sich bei Erwachsenen zu erlesener Kunst ausweiten können.

Kinder malen Blumen besonders gerne. Von der Ur-Form des „Rund" ausgehend, beschäftigt sie der Rhythmus der Form, das Ornament und die ausdrucksvolle Schönheit der Bewegung in der Natur.

Gebärdensprache
Freie Bewegungsimprovisation

Jedes Kind denkt sich eine „Gestalt" aus: Lustiges Kasperle, Nachtgespenst, Artist, Handwerker, Sportler, Polizist...). In einer Art Gebärdensprache drückt es aus, was es darstellen möchte.

Denken und Fühlen des erdachten Wesens soll sich nicht nur in der eigenen Bewegung äußern, sondern auch in „Bewegungsgesprächen" der Kinder untereinander. Beobachtende Kinder, die beispielsweise bei einem Bewegungsdialog zuschauen, schulen ihre Denk- und Vorstellungskraft, weil sie intuitiv versuchen, Grob- und Feindifferenzierungen – auch des Gesichtsausdruckes – zu deuten.

Größere Kinder sind schon befähigt, ganze Szenen – ohne Worte, nur durch Gebärden und charakteristische Bewegungen – darzustellen. Entweder sprechen die Kinder bestimmte Szenen vorher ab – möglichst solche, die aus der Umwelt des Kindes stammen – oder das Thema der Szene wird festgelegt.

– Wir sind in einer Schreinerwerkstatt.
– Wir stellen die Spielgeräte eines Spielplatzes dar.
– Der Polizist regelt den Verkehr mit Fußgängern und Autos.
– Wir erzählen mit Gebärdensprache eine kleine Geschichte oder eine Märchenszene.

Kinder haben die Fähigkeit, sich sehr spontan und „sprechend" zu bewegen. Hemmungen und Verkrampfungen können „spielend" abgebaut werden.

Der Grundschlag mit „Girlande"
Metrum und freier Rhythmus kombiniert

Ein Kind bewegt sich wie das Pendel einer Standuhr, die anderen Kinder verdeutlichen die gleichmäßige Pendelbewegung mit der Stimme (klingende Tonsilben wie ding-dong, bim-bam oder tick-tack und ähnliche, von den Kindern selbst gefundene Laute).

Zu dieser regelmäßigen Einheit wird in freier Kombination eine Bewegungs-„Girlande" getanzt: Ein Kind tanzt um die „Standuhr" herum – wie es will. Der Grundschlag wird um so deutlicher empfunden, je freier die Bewegungsgestaltung des einzelnen Kindes ist.

Kinder hören das Ticken verschiedener Uhren und unterscheiden leise-laut, langsam-schnell, hohes- oder tiefes Geräusch. Sie betrachten Uhren (Zeiger, Zifferblatt, Ziffern . . .).

Sie malen Uhren. Sie versuchen dabei oft schon, Zahlen und die Uhrzeiger anzuordnen. Der Rhythmus der Zahlen hat für sie zunächst etwas Schmückendes.

Grüner und blauer Weg
Freie Bewegung

Malkreiden, Papier
Kinder nehmen in eine Hand eine blaue, in die andere eine grüne Farbkreide. Sie malen Farbwege auf.
Es können dabei unterschiedliche Spielregeln aufgestellt werden:
a) jeder Weg läuft für sich allein, ohne den anderen zu kreuzen.
b) Die Wege laufen parallel. Man kann sie beidhändig – in jeder Hand eine Farbe führend – aufmalen.
Kinder nehmen auch gerne zwei, sogar mehrere Farbstifte in eine Hand und malen mehrspurige Wege.
c) Die Wege begegnen sich immer wieder.
Kinder hantieren gerne mit Wege- und Wanderkarten. Man kann ihnen den Verlauf der Flüsse, Straßen zeigen und nachzeichnen lassen. Man achtet bei diesen feinmotorischen Übungen auf ruhige Handführung.

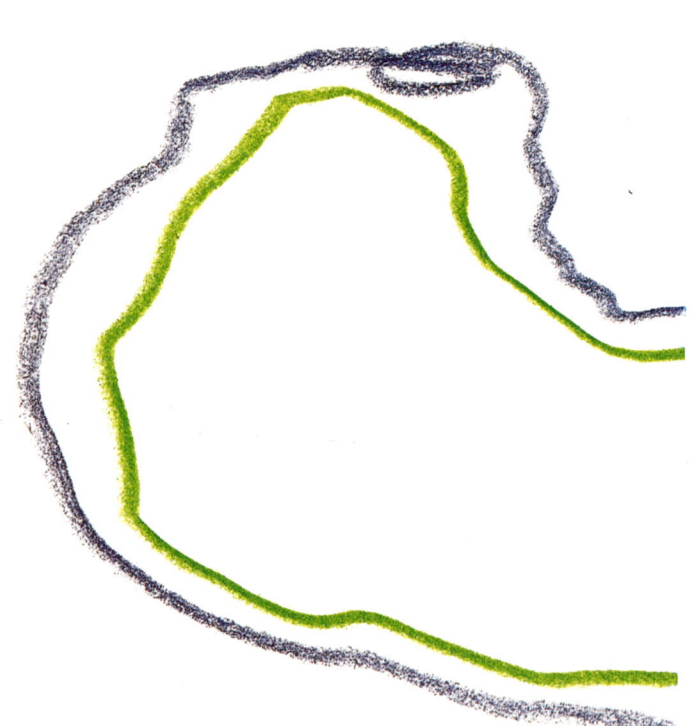

Gleichmaß

Metrum

Malkreiden, Papier

Eine vom Instrument (oder einer Tanzschallplatte) gegebene gleichmäßige Musik wird durch Bewegung sichtbar gemacht. Die Empfindung des Gleichmäßigen wird nacherlebt durch Körperbewegung: gehend, laufend, stampfend, klatschend, durch schwingende Bewegungen mit Arm und Hand.

Die Gleichmäßigkeit wird malend sichtbar gemacht und durch Sprache unterstützt. Beispiele:

Melodie, Rhythmus und Form der Musik können auf diese Weise auch besser eingängig gemacht werden. Solche Malspiele empfehlen sich besonders vor der Einübung eines Kindertanzes.

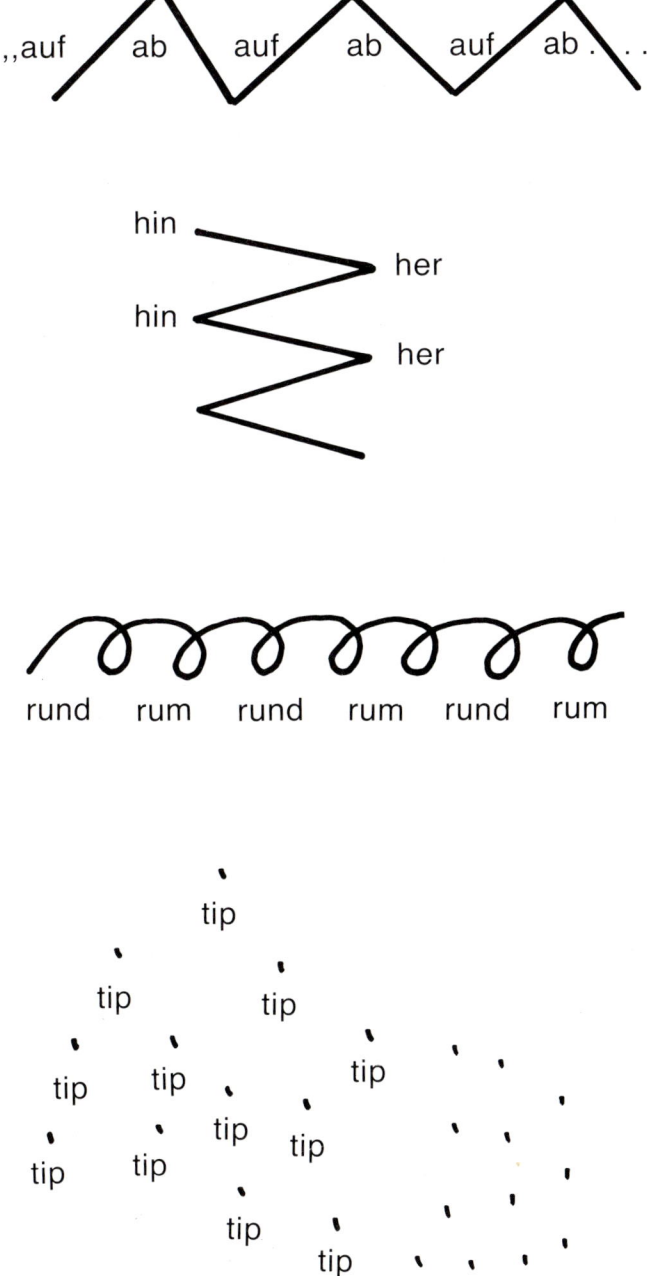

Tiere

Bewegungsgestaltung, Stimmgestaltung

Kinder „verzaubern" sich in Tiere. Zunächst stellt jeder dar, was er möchte. Dann greift man besonders charakteristische Bewegungen heraus und läßt die anderen Kinder raten. Bei der Bewegungsnachahmung rufen Kinder meist spontan – ohne jede Aufforderung – auch die Tierlaute.

In einer Art von Kettenspiel „langsam-schnell", „leise-laut", „hoch-tief", kann man akustische und motorische Kontraste erreichen. Durch Zuruf oder durch ein abgesprochenes Signal tritt die neue Tierverzauberung ein.

Beispiele:

Löwe	Lauerstellung springen	knurren, brüllen
Fisch	schwimmen schnell-langsam	–
Käfer	krabbeln	surren
Pferd	traben galoppieren	schnauben wiehern
Katze	springen schleichen sich räkeln	miauen oder fauchen auf verschiedene Art und Weise
Schnecke	kriechen	–
Hund	springen laufen Männchen machen	bellen hecheln knurren

Wenn „Tierlaute" auf Cassettenrecorder aufgenommen werden (das Stimmspiel darf nicht zu kurz sein), kann diese Tierlautimitation Impuls zur Bewegungsgestaltung sein.

Man staunt über ausdruckvolle Tierzeichnungen kleiner Kinder. Sie sind fähig, das Charakteristische zu treffen. Ihre Fantasie spiegelt Lebendigkeit des rhythmischen Ausdrucks.

Reifenmuster
Rhythmisches Raumspiel

Reifen, Farbkreiden
Kinder legen Reifen im Raum, rhythmisch verteilt, in verschiedenen Mustern oder Gruppen – übereinander – nebeneinander – aufeinander – auf Lücke . . .
Sie verändern die Muster und beobachten diese aus gewissem Abstand, um verschiedenartige Gruppierungen wahrzunehmen.
Mit der Grundform des Kreises (wie Reifen) werden auch Malspiele ausgeführt, die sich dem Legespiel anschließen.
Man kann noch weitere Impulse fürs Malen geben: verschieden große Reifen, einfarbige (ausgemalte) Reifen; Reifen, die sich nicht berühren (um Hand und Auge zu üben), Reifenmuster . . .

Liegen – Gehen – Halten

Konzentration über Tondauer

Die Kinder stehen mit geschlossenen Augen, damit ein Klang möglichst lange wahrgenommen wird.
Gongschlag: Jedes Kind legt sich auf den Boden, solange es die Schwingungen wahrnimmt.
Variante: Die Kinder gehen leise und behutsam so lange durch den Raum, wie sie den Gong hören.
In den Pausen stehen sie völlig ruhig, bis der nächste Gongschlag ertönt.

Singendes Erzählen, Frage und Antwort
Fantasie und Kreativität

Die Kreativität der Kinder soll nicht nur gemeinschaftlich, sondern auch individuell gefördert werden. Der Erzieher kann z. B. jedes Kind einzeln singend begrüßen und dabei auf ein persönliches Element eingehen: ein rotes Kleid, eine neue Frisur, fröhliches oder trauriges Gesicht . . . Er fordert das Kind auf, singend zu antworten. Die anderen Kinder sollen die Antwort wiederholen bzw. abwandeln.
Der Erzieher fragt: „Hast du neue Schuhe an?" Das Kind antwortet: „Ja, die blauen haben mir so gut gefallen."
Die anderen Kinder singen: „Erika hat neue blaue Schuhe an."
Wichtig ist, daß sich aus einfachen Reizworten Frage und Antwort entwickeln, die assoziiert und verändert werden. Die aufgenommenen Impulse lösen meist eine Kettenreaktion aus.
Ein anderes Kind singt: „Ich habe auch neue Sandalen, aber die sind weiß, die passen gut zu meinem Kleid" . . .
Der Erzieher versucht, aus den vielen zufälligen Spielimpulsen ein kreatives Gemeinschaftserlebnis entstehen zu lassen, an dem alle Kinder der Gruppe teilhaben.
Es kann ein Rundgesang beginnen, bei dem jedes Kind eigene Gedanken in das Gruppengeschehen einbringt. Das ermuntert auch schüchterne Kinder und gibt Mut zum Experiment.

Klangfantasie / Akustisch – optisch
Aus Bewegung ablesen und reagieren

Holz-, Metall- und Fellinstrumente
Die Kinder spielen auf elementaren Instrumenten und bestimmen die unterschiedlichen Klangfarben. Sie bilden 3 Gruppen: Holz, Metall, Fell.

Ein Kind ist der Dirigent und zeigt, welche Gruppe spielen soll. Das dirigierende Kind soll möglichst deutlich auch die Lautstärke und das Tempo angeben, in dem gespielt wird.

Nach einiger Zeit legen die Kinder eine einfache Form fest, etwa:

Holz beginnt leise, Mittelteil Fell, Schlußteil alle . . .

Es werden verschiedene Möglichkeiten versucht und auch aufgezeichnet. Die Kinder malen gemeinsam eine „Partitur" auf ein großes Plakat.

Wenn einige Tage vergangen sind, versuchen die Kinder, aus der „Partitur" zu spielen und sich der ursprünglichen Form zu erinnern.

Für die Instrumentenbezeichnung werden vereinfachte Formen (Symbole) gefunden
Beispiele: Klanghölzer   X
           Zymbel   ⊙
           Triangel   △
           Handtrommel   ○

Storch und Biene
Bewegung und Klang
staccato und legato

Einige Kinder sind „Storch", die anderen „Biene". Die Bienen fliegen summend im Raum mit leichten, lockeren Armbewegungen (legato). Die Störche stelzen mit hochgezogenen Beinen (ohne daß sich dabei der Oberkörper nach vorne neigt) herum und „klappern" mit den Händen und Armen, die sie wie lange Storchschnäbel auf- und zuschlagen (staccato). Wenn ein Signal ertönt, werden die Rollen getauscht, um den Kontrast besser spüren und unterscheiden zu können: Storch = gestoßener Schritt und gespanntes Klatschen und Klappern, Biene = lockere Arm- und Fingerbewegung und federnder, leichter Schritt.

Die Bewegung im Raum kann sich auch gruppieren: Alle „Bienen" fliegen summend, Körper an Körper als Bienenschwarm, sie haben Kontakt durch die schnell sich bewegenden Fingerspitzen. Der Bienenschwarm kann im Raum auch hin- und herwandern. Das Klangerlebnis (beim Summen) ist dabei noch intensiver.

Die Gruppe kann beim Storch-Spiel auch zwischen legato und staccato wechseln: Weiche, fließende Armbewegungen der flügelschlagenden Störche, gestoßene Schritte beim Stelzen durch den Raum, ausgestreckte Hände, die den schnell pickenden Storchenschnabel darstellen.

Durch den fortwährenden Wechsel der Bewegungsarten wird die Unterschiedlichkeit besonders stark erlebt.

Akustische Signale oder entsprechende Handbewegungen geben das Zeichen zum Bewegungswechsel.

Die Übertreibung

Stimme, Gestik, Haltung und die
,,sprechende'' Veränderung

Die Kinder werden singend begrüßt.
Frage: ,,Wie geht es dir?''
Das erste Kind singt: ,,Ich bin froh''.
Zweites Kind: ,,Ich bin noch müde''.
Drittes Kind: ,,Ich bin hungrig''.
Viertes Kind: ,,Ich ärgere mich''.
Die Kinder machen dazu entsprechende
Gesten und versuchen, diesen Bewe-
gungsausdruck auf die Stimme zu über-
tragen (laut oder leise singen, mit der
Stimme schweifen, drücken, pressen,
ächzen . . .).
Alle zuschauenden Kinder ahmen das

handelnde Kind mit großer Übertreibung
nach. Es entsteht ein Solo-Tutti-Spiel.
Abwandlung: Aus diesem Spiel kann sich
ein Rätselspiel entwickeln, wenn das einzelne Kind eine Stimmung nur pantomi-
misch darstellt und die anderen Kinder
,,raten'' läßt (aufstampfen, gähnen, essen,
Arme in die Luft werfen, locker hängen
lassen, schlaffe Haltung einnehmen, er-
staunt schauen . . .).
Die Kinder sollen dabei merken, daß man
aus der körperlichen Haltung, ja sogar am
Gesichtsausdruck sehen und ablesen
kann, was man fühlt, und daß man aus der
sich verändernden Stimme heraushören
kann, was man empfindet.

Vogelgezwitscher

Experimentelles Spiel

Kinder probieren gerne, auf der Blockflöte zu spielen. Sie sehen, daß die Grifflöcher mit den Fingerkuppen abgedeckt werden müssen, damit verschiedene Töne entstehen.

Beim schnellen Wechsel der Finger – wenn unbeabsichtigt verschiedene Griffkombinationen entstehen – kann man eine Art „Vogelgezwitscher" erzeugen.

Das Spiel auf dem Flötenkopf allein (er wird vom Flötenfuß gelöst) ist auch für kleine Kinder interessant. In den offenen Kopf führt man einen Finger langsam hinein und heraus. Bei gleichzeitigem Blasen entsteht ein gleitender Ton.

Schon kleine Kinder können mit anhaltendem Atemstrom und kurzen Atemstößen auf der Blockflöte verschiedenste Techniken ausprobieren.

Rasselklang

Geräusch- und Bewegungsrhythmus

Rasseln (selbstgebastelt)
Kinder basteln sich aus verschiedenen Dosen und Schachteln kleine Rasseln. Die Rasseln werden auf den Boden, auf Tische, Stühle, in Regale, auf Fenstersimse ... gelegt. Die Kinder wandern leise und möglichst langsam im Raum umher, schütteln – sobald sie in die Nähe einer Rassel gelangen – diese einige Zeit und legen sie sorgfältig wieder hin, um erneut ihre Raumwanderung aufzunehmen und eine andere Rassel zu schütteln.

Dadurch entsteht ein fortwährendes, sich im Klang veränderndes Geräuschband.

Man kann das Geräuschband auch durch Signale unterbrechen (Zuruf oder erhobene Hand) und so lange still stehen, bis der Impuls zum Weitergehen erfolgt.

Ruhe und Bewegung

Raumwege und Raumerfahrungen im Bewegungsspiel

Reifen liegen im Raum verteilt, in jedem Reifen sitzt ein Kind wie in einem Vogelnest. Improvisierte Musik gibt den Impuls zu „Ruhe" und „Bewegung" (Klavier, Flöte).

Ruhige Melodie oder ein ausgehaltener Ton bedeutet: Die Vögel schlafen im Nest. Eine bewegte Melodie bedeutet: Die Vögel fliegen aus dem Nest.

Variante: Auf Zuruf fliegen jeweils zwei Vögel in ein Nest und teilen sich den Platz.

Körperinstrumente
Taktformen im Schwerpunktspiel

Die Körperinstrumente werden nacheinander ausprobiert. Die Reihenfolge von oben nach unten soll zunächst eingehalten werden, später kann frei mit den Körperinstrumenten gespielt werden.

Schnipsen,

Klatschen,

Patschen,

Stampfen.

Die Körperinstrumente eignen sich besonders gut, um den Schwerpunkt eines Taktes bewußt zu machen:

2/4 Takt: Klatschen, Patschen

3/4 Takt: Stampfen, Klatschen, Patschen.

Weitere Beispiele werden gefunden.
Varianten:

2/4 Takt:

klatsch, patsch, klatsch, patsch . . .

stampf, klatsch, stampf, klatsch . . .

patsch, schnips, patsch, schnips . . .

3/4 Takt:

stampf, patsch, patsch,

patsch, klatsch, schnips,

stampf, patsch, patsch . . .

patsch, klatsch, schnips . . .

Holz – Metall – Fell
Klangfarben unterscheiden und zuordnen

Elementare Instrumente aus Holz, Metall und Fell

Verschiedene elementare Instrumente werden angespielt.

Wie klingen sie?

Die Kinder unterscheiden den Klang von Holz, Metall und Fell.

Was klingt: hell, dunkel, klar, dumpf, trocken, blechern, zart, voll, rauh, silbern . . .

Die Kinder ordnen die Instrumente nach Gruppen.

Holz – Xylophon, Klanghölzchen, Holzblock, Kastagnetten, Röhrentrommel.

Metall – Triangel, Becken, Cymbeln, Schellenkranz, Rasseln.

Fell – Trommel, Pauke, Tamburin.

Klangfarben unterscheiden sind konzentrierende Hörübungen. Sobald die Kinder die Instrumente nach Gruppen geordnet haben, kann man die entstehenden Klänge durch verschiedene Anschlagsarten noch differenzieren. Wenn beispielsweise derselbe Klangstab eines Xylophons mit einem Holzkopfschlägel angeschlagen wird, ist der Klang scharf und hell, mit einem Filzkopfschlägel dumpf und leise, mit den Fingernägeln getippt fein und zart.

Das Fell einer Pauke oder eines Tamburins kann in der Mitte, am Rand, in verschiedener Lautstärke und mit verschiedensten Schlägeln angeschlagen werden. Aber auch mit der Hand, mit Fingerkuppen, Fingerknöcheln, mit knallendem Daumenschlag, mit wischenden und kratzenden Geräuschen erzeugt man unterschiedliche Klangfarben.

Höhe – Stärke – Dauer
Klang erleben und durch Bewegung nachgestalten

Elementare Instrumene

Kontrastpaare:

,,Hoch – tief''

Die Kinder stehen mit geschlossenen Augen. Ein Melodieinstrument spielt verschiedene Töne.

Tiefe Töne – die Kinder legen sich auf den Boden, gehen in die Hocke . . .

Hohe Töne – die Kinder steigen auf den Stuhl, recken sich hoch . . .

,,Laut – leise''

Elementare Instrumente werden angespielt.

Lauter Klang (Trommel) – die Kinder stampfen, patschen . . .

Leiser Klang (Fingercymbel) – die Kinder schleichen, gehen auf Zehenspitzen . . .

,,Kurz – lang''

Langer Klang (Gong) – die Kinder gehen mit großen Schritten (wie ein Riese).

Kurzer Klang (Gong mit der Hand abdämpfen) – die Kinder gehen mit kleinen Schrittchen (wie ein Zwerg).

Wenn kleine Kinder Instrumente ausprobieren und über Vorstellungshilfen den Klang bewußt erleben, stellt man immer wieder fest, daß sie sich Klang-Bilder gewissermaßen zurufen oder durch unbewußte lautliche Äußerungen beim Bewegungsspiel einprägen, ja manchmal richtige Klanggeschichten erfinden.

Beim Klang einer Pauke kann ein Kind rufen: ,,Ich bin der Elefant, stampf, stampf! Ein Riesenelefant kommt!''

Klangerleben und Bewegungsspiel ist zugleich auch Sprachschulung. Oft sind auch Erinnnerungsbilder damit verbunden.

Zirkus

*Elementares Musizieren über
Vorstellungshilfen*

Verschiedene Instrumente

Die Kinder bauen einen großen Stuhlkreis
auf, der eine Zirkusmanege darstellen soll.
Ein Kind ist der Zirkusdirektor und bekommt ein Seil als Peitsche.

Der „Zirkusdirektor" sucht aus den übri-
gen Kindern seine „Künstler" und „Tiere"
aus, die im Programm auftreten sollen.

Die einzelnen Programm-Nummern werden von elementaren Instrumenten begleitet.

Die Kinder unterhalten sich über die Zuordnung der Instrumente und einigen sich
auf eine Begleitung, z. B.:

Seiltänzerin – Melodie auf dem Glockenspiel,

Akrobat – Trommelwirbel,

Zirkusclown – Schellenkranz,

Elefant – große Pauke,

Bär – Tanzweise auf dem Xylophon,

Affe – Bambusrohrrassel,

Löwe – Cymbel,

Pferd – Hölzchen.

Der „Zirkusdirektor" bestimmt die Reihenfolge des Auftritts und ein „Dirigent"
gibt den Einsatz für das Orchester.

Zum Abschluß marschieren alle Darsteller
in die Manege und das „Orchester" spielt
gemeinsam ein Schlußstück.

Die Rollen des Zirkusdirektors, des Dirigenten und der Darsteller werden öfter
ausgetauscht.

Das Musizieren über Vorstellungshilfen
ist anregend und übt auf Kinder einen
ungewöhnlichen Reiz aus.

Beim Zirkusspiel wird die Wechselwirkung
von Hören und Bewegen besonders bedeutsam. Nicht nur der Klang der Instrumente selbst, sondern die Dauer des
Klangs, seine Stärke, seine Klangfarbe,
aber auch Rhythmus und Tempo des In-
strumentalspiels wirken belebend auf die
darstellende Bewegung.

Es ist auffallend, wie gerne Kinder Tiere
darstellen, Tierlaute rufen und Bewegungsarten nachahmen. Oft drängen sie,
daß bestimmte Spiele dauernd wiederholt
werden. Sie schaffen sich damit ihre
eigene Motivation zum Lernen und stärken auch die Denkfähigkeit.

Langsame Kinder können durch die Wiederholung von Spielen aufholen und
Sicherheit erlangen.

Steif – locker
Kontrastierendes Bewegungsverhalten

Kinder spielen „Baum", sie stehen wie „festgewurzelt" am Boden. Sie machen sich steif und starr, wenn der Erzieher einen „Baum" ausreißen will.

Der Erzieher und die Kinder spüren dabei den Widerstand des abwehrenden Körperverhaltens und die Schwere des eigenen Körpers.

Kinder versuchen, sich locker zu machen: Sobald man bei einem Partner den Arm hebt, baumelt er locker und lässig an den Körper zurück. Dieselbe Übung wird auch mit anderen Gliedmaßen versucht: einzelne Finger – seitwärts geneigter Kopf – bei liegendem Körper angezogene Knie wegrutschen lassen. Man hört dabei am schnell schleifenden Ton, ob das Lockermachen richtig funktioniert.

Diese Übungen fördern die Durchblutung und machen Kinder durch den dauernden Wechsel der Bewegungsarten reaktionsfähig. Dies ist vor allem auch wichtig im Umgang mit Geräten. Durch kontrastierendes Bewegungsverhalten wird Spannung und Entspannung als Körpergefühl erlebbar und somit zum Bestandteil von Ausgewogenheit und Harmonie.

Regenspiel
Dynamik und Klang

Klanghölzer und weitere Instrumente

Die Kinder schauen aus dem Fenster, während es draußen regnet. Sie unterhalten sich über den Regen, woher er kommt, wie er entsteht.

Welches Geräusch macht der Regen, wenn er pladdert, rauscht, gießt, . . . strömt, tröpfelt, pocht, platscht . . .?

Die Kinder imitieren die Regentropfen durch Zungenschnalzen, leise, laut, langsam, schnell, leiser werdend, lauter werdend, langsamer oder schneller werdend . . .

Jedes Kind bekommt ein Klanghölzchen und versucht, ganz leicht auf den Boden zu klopfen. Der Regen wird dichter, die Tropfen fallen immer schneller, immer lauter wird der Wirbel, ein deutliches Crescendo ensteht.

Die Kinder werden angeregt, auf elementaren Instrumenten ein Regenspiel darzustellen.

Leise Regentropfen pochen – Klanghölzchen,

der Regen wird stärker – Xylophon,

es regnet kräftig – Trommel,

ein Sturm entsteht – Rasseln,

ein Gewitter zieht auf – Becken, Paukenschlag,

entfernt sich langsam . . . der Regen wird schwächer, der Donner grollt von Ferne . . .

Dieses Spiel eignet sich besonders gut zur Darstellung von Crescendo – Decrescendo, von Spannung und Entspannung.

Transfer: Die Kinder malen ein Regenbild.

Die klingenden Punkte
Leise und laute Klänge notieren

Pappscheiben oder ausgeschnittene runde Malblätter

Kinder gehen mit 2 oder 3 Farbstiften im Raum umher. Auf dem Boden liegen – unregelmäßig verteilt – unbedruckte Pappscheiben oder runde, aus Papier ausgeschnittene Blätter.

Bereits die vorbereitende Übung – nämlich das Auslegen der Pappscheiben – kann als Rhythmisches Kurzspiel gestaltet werden: Die Scheiben sollen so verteilt werden, daß man bequem um diese herumgehen kann.

Die Kinder gehen leise im Raum, ohne auf die Pappscheiben zu treten. Hören sie einen lauten Ton, bücken sie sich und malen einen großen Punkt auf die Scheibe, der sie am nächsten sind. Es können auch mehrere Kinder auf eine Scheibe malen. Hören sie einen leisen Ton, malen sie einen kleinen Punkt auf die Pappscheibe. Der Erzieher oder ein Kind spielt Töne auf einem Instrument, bei dem man „laut" und „leise" gut unterscheiden kann. Unregelmäßige Zeitabstände zwischen den Einzeltönen erhöhen die Erwartungs- und Konzentrationshaltung.

Später können die Scheiben mit den Punkten auf den Tisch gelegt werden. Ein Kind zeigt nacheinander auf verschiedene „Klangpunkte". Ein Kind – oder eine ganze Gruppe – spielt auf Instrumenten bei ● = leise, bei ⬤ = laut.

Anmerkung: Auf verschiedene Tonhöhen braucht nicht geachtet zu werden, da von runden Pappscheiben weder „hoch" noch „tief" abgelesen werden kann.

Räuber Hotzenplotz
Nachahmen und Gestalten

Tücher und Materialien zum Verkleiden

Es wird eine Geschichte vorgelesen oder erzählt, z. B. die bekannte Geschichte vom Räuber Hotzenplotz.

Die Kinder sollen diese Geschichte darstellen. Sie bekommen farbige Tücher und „verkleiden" sich, z. B. hängt ein Kind das Tuch über sein Gesicht (als gute Fee), ein anderes bindet ein Kopftuch um (als Großmutter) . . .

Die verschiedenen Gestalten der Geschichte werden durch charakteristische Bewegungen verdeutlicht, etwa:

Hotzenplotz schleicht,

Dimplmoser stampft,

Großmutter humpelt, mahlt mit Kaffeemühle,

Kasperl hüpft,

die Fee schwebt auf Zehenspitzen,

Zauberer „verwandelt".

Aus der Darstellung der Personen entwickeln sich die verschiedenen Situationen, die mit starker pantomimischer Übertreibung gespielt werden (Kaffeemahlen . . .). Schließlich werden den Personen einfache Instrumente zugeordnet, der Zauberer kann z. B. mit dem Gong zaubern. Um das Spiel lebendiger zu gestalten, wird jeder Darsteller von einem anderen Kind auf dem Instrument begleitet. (Bei der Wiederholung Rollenwechsel).

Die Instrumente unterstützen in charakterisierender Weise die Bewegung. Sie sollen sich ganz der Bewegung anpassen (brauchen also nicht „im Takt" oder eine bestimmte Melodie zu spielen). Durch die experimentierende Form des Spielens erreichen Kinder mehr Spielfertigkeit als durch vorgegebene Töne.

Fastnacht

Klangfarben erkennen und zuordnen, freirhythmisch reagieren

Verschiedene Instrumente

Die Kinder kommen verkleidet zur Fastnachtsstunde. Sie unterhalten sich über die verschiedenen Kostüme.
Jedes Kind denkt sich eine Bewegungsart aus, die am besten zu seinem Kostüm paßt, etwa das Galoppieren des Cowboys oder das Schleichen des Indianers.
Die Bewegungsarten werden einzeln vorgeführt und von den anderen Kindern nachgeahmt.

Die Klangfarben der verschiedenen elementaren Instrumente werden erprobt und die Kinder versuchen, sie den einzelnen Kostümen zuzuordnen: Die Instrumente sollen im selbstgefundenem Rhythmus gespielt werden.
Clown – Schellenkranz
Indianer – Trommelfell streichen
Cowboy – Holzblock (Galopp)
Tänzerin, Prinzessin – Flöte, Glockenspiel
Chinese – Becken
Holländerin – Holz (-schuhtanz)
Spanier – Tamburin.
Es sollen möglichst viele Varianten gefunden werden. Jedes Kind wird zum Mitmachen ermuntert! Beim großen Fastnachtsumzug werden alle Instrumente mit einbezogen.

Kognitiver Bereich

Verkehr
Schilder und ihre Bedeutung erkennen

Seile, Tücher, Verkehrsschilder
Ein gutes Beispiel für das kombinierte Lernen und die Vorbereitung zur Abstraktionsfähigkeit ist ein Spiel über verschiedene Verkehrssituationen.

Der Erzieher spricht mit den Kindern über eine ganz konkrete Situation, etwa das Verhalten am Zebrastreifen.

Ein Zebrastreifen wird mit Seilen auf den Boden gelegt (oder mit Kreide aufgemalt). Die Kinder üben das Verhalten beim Überqueren einer Straße: nach links schauen, nach rechts schauen . . .

Ein ,,Verkehrspolizist'' regelt den Verkehr und gibt durch deutliche Handzeichen den Impuls zu ,,gehen'' und ,,stehen''.

Beim nächsten Spiel übernimmt die ,,Ampel'' (3 Kinder mit rotem, gelbem, grünem Tuch) die Führung.

Ein Gespräch über die Bedeutung der Farben schließt sich an. Verkehrsschilder werden gezeigt und ihre Bedeutung besprochen.

Die Kinder malen Zebrastreifen, Ampel und einfache Verkehrschilder.

Der Kindergarten, der beim Spiel nicht auf bestimmte Zeiteinheiten angewiesen ist, hat die pädagogische Chance, begonnene Lernprozesse auszuweiten und durch das Einbeziehen konkreter Verkehrssituationen die soziale Umwelt der Kinder zu beachten: Der Erzieher geht mit den Kindern auf die Straße.

Kinder erleben den Verkehr aus einer anderen Perspektive als Erwachsene. Da sie noch klein sind übersehen sie viele Situationen nicht und vertrauen zunächst den Erwachsenen, wenn sie unverständliche Regeln akzeptieren.

Gegensätze

Begriffsbildung

Im spielenden Lernen des Vorschulkindes muß ein Grundsatz gelten: keine Fertigkeit vor der Fähigkeit! Über die rhythmische Bewegung wird Schulung der Motorik, eine Steigerung der Konzentration und bei entsprechender Vorbereitung eine Schulung der Denkfähigkeit erreicht. Dieses „Denken in Bewegung" fällt Kindern wesentlich leichter als verbale Erläuterungen. Denkvorgänge werden in die Körpersprache umgesetzt.

Die Kinder werden aufgefordert, Gegensätze in deutlichen Körperbewegungen darzustellen.

Hoch – tief,

groß – klein,

langsam – schnell,

laut – leise (mit Körperinstrumenten).

Zur Verdeutlichung kann man später gemeinsam sprachliche Ergänzungen suchen:

Riesig – winzig,

haushoch – flach,

lärmend – kirchenstill . . .

Spielgeschichten, die der Erzieher zusammen mit den Kindern gestaltet, erläutern und ergänzen die Begriffe: Der Riese Rabulan wohnt in einem riesengroßen Turm, er geht mit riesengroßen Schritten in seinem unendlich weiten Garten spazieren. Das kleine Zwerglein sitzt in einem klitzekleinen Häuslein, ißt von seinem winzigen Tellerlein.

Der Riese ruft mit mächtiger Stimme . . .

Das Zwerglein singt mit zartem Stimmlein . . .

Kontraste werden durch die Bewegung ausgeführt und über die Sinne erfahren, der Wortschatz der Kinder wird erweitert.

Bewegung und Ruhe

Konzentration

Reifen, Triangel

Das Element der Ruhepause soll bei allen rhythmischen Bewegungsspielen besonders verdeutlicht werden, denn Musik braucht Stille. Es ist für Kinder oft schwierig, aus der Bewegung in die Ruhe „umzuschalten".

Reifen liegen im Raum verteilt, in jedem Reifen sitzt ein Kind. Der Triangel gibt den Impuls zu Bewegung außerhalb des Reifens (1. Schlag) und Ruhe innerhalb des Reifens (2. Schlag). Die Abstände zwischen Bewegung und Ruhe sollen allmählich länger werden.

Variante: Je zwei Kinder teilen sich einen Reifen.

Während der Pausen ist auf absolute Ruhe und Konzentration zu achten.

Diese Konzentration fällt vielen Kindern nicht leicht. Der Erzieher soll deshalb oft Spiele anbieten, die zwischen Bewegung und Ruhe abwechseln.

Die Aufmerksamkeit der Kinder wird erhöht, wenn der Erzieher für die Bewegungsphasen Vorstellungshilfen gibt:

1. Phase – Riesenschritte,
   Arme hochrecken.
2. Phase – Zwergenschrittchen,
   Arme pendeln hin und her.
3. Phase – Schreitendes Gehen,
   Arme ausbreiten
4. Phase – Leichte, schwebende Schritte,
   Arme locker halten.
5. Phase – Galoppieren,
   Arme in die Seite stemmen.
6. Phase – Hüpfen,
   Arme eng zusammenführen.

Die Bewegungsabläufe der Arme und Beine sind aufeinander abgestimmt.

Vorbild und Nachahmung

Schon kleine Kinder verfolgen genau, wie Konsumprodukte durch Werbung dem Käufer nahegebracht werden. Damit sie dieser intensiven Beeinflussung nicht hilflos ausgesetzt sind, kann man die Kinder im Nachahmen sich distanzieren und freispielen lassen.

Das Umsetzen von optischem Eindruck in Bewegung und Mimik fällt den Kindern besonders leicht, weil sie einen angeborenen Nachahmungstrieb haben und ihre Spiellaune noch ungetrübt ist.

Der Erzieher zeigt Reklamebilder und spricht mit den Kindern über die Aussage der Bilder. Er fordert einzelne Kinder auf, diese Aussage in eine übertriebene Bewegung umzuformen. Diese Karikatur wird von den anderen Kindern nachgeahmt.

Der Erzieher sollte unbedingt die Kinder darauf hinweisen, daß Reklame keineswegs mit der Realität übereinstimmen muß, sondern Kauflust wecken soll.

Spiel mit bunten Tüchern

Begriffsbildung und Kreativität

Nylontücher

Die Kinder erhalten bunte Tücher und erproben im freien Spiel verschiedene Möglichkeiten:

Sie schwingen die Tücher hin und her,
sie werfen die Tücher in die Höhe,
sie lassen die Tücher flattern, schweben,
sie pusten gegen die Tücher,
sie werfen die Tücher von einer Hand in die andere,
sie knüllen die Tücher ganz klein zusammen,
sie legen die Tücher auf den Boden.

Durch die verschiedenen Arten des Zusammenfaltens entstehen geometrische Grundformen:

Rechteck – ▭
Dreieck – △
Quadrat – ▢

Die begriffliche Verdeutlichung gelingt in diesem Spiel besonders gut, weil die Kinder die Formen regelrecht „begreifen" können.

Der Umgang mit textilen Farbspielen regt Fantasie an: Es werden Tücher übereinandergelegt (Farben gemischt), aneinandergeknüpft, im Spiel mit der Luft zu kleinen „Eisbergen" auf dem Boden geformt, verschiedenste Muster und Formen gelegt, so daß allerlei „Farb-Spiele" entstehen können.

Die konkrete Stufe des Übens mit Materialien kann meistens fantasievoll erweitert werden. Bei genügend Erfahrung kann man besser improvisieren!

Gedächtnis durch Hören und Reagieren

Klänge und Signale in Bewegung umsetzen

Trommel, Triangel, Klangholz und Gong (Becken)

Die Kinder liegen auf dem Boden. Sie hören 3 verschiedene Instrumente, die Signale für bestimmte Aktionen sind.

1. Signal (Trommel) – liegen,

2. Signal (Triangel) – sitzen,

3. Signal (Klangholz) – stehen.

Die Übung soll langsam beginnen, dann im Tempo gesteigert werden. Zunächst wird die vereinbarte Reihenfolge eingehalten, später erfolgen die akustischen Signale willkürlich. Das erfordert von den Kindern erhöhte Aufmerksamkeit.

Variante:

Alle Signale werden vom Gong gegeben.

1. Gongschlag – sitzen,

2. Gongschlag – stehen,

3. Gongschlag – gehen,

4. Gongschlag – stehen,

5. Gongschlag – sitzen,

Pause – liegen.

Bei dieser Übung muß die Reihenfolge immer eingehalten werden, da die Bewegung zum Ausgangspunkt zurückführt.

Die Übung soll ruhig und mit langsamen Bewegungen gestaltet werden.

Der Erzieher kann Varianten mit unterschiedlichen elementaren Instrumenten gestalten: Wichtig ist die genaue Zuordnung von Klang und Bewegung.

Kreis – Dreieck – Halbkreis – Rechteck

Grundformen erkennen, benennen, Instrumenten zuordnen und durch gemeinsame Bewegung gestalten

Geometrische Formen werden an die Tafel gemalt:

Kreis   ○

Dreieck   △

Halbkreis   ⌒

Rechteck   ▭

Elementare Instrumente werden den Formen zugeordnet:

Handtrommel   ○

Triangel   △

Schellenband   ⌔

Holzblocktrommel   ⊟

Die Kinder gehen im Raum spazieren, auf ein Signal (Triangel, Trommel etc.) finden sie sich zu der angegebenen Form (also Dreieck, Kreis) zusammen.

Variante: Jedes Kind hat vor sich ein Malpapier. Die Instrumente werden in beliebiger Reihenfolge angespielt. Die Kinder sollen die entsprechenden Formen aufmalen. Zum Schluß werden alle Blätter miteinander verglichen.

Man sieht entsprechende Formen in der Umgebung:

Lampe, Hocker, Papierkorb, Untersetzer . . .   ○

Hausdach, Baumform, Zickzack . . .   △ ∧

Regenbogen, Tor . . .   ⌒ ▢

Tisch, Tür, Papierblatt . . .   ▭ ▢

Verschiedene Formen – verschiedene Klänge

Instrumentenform erkennen
Klangfarben unterscheiden

Elementare Instrumente, ein Reifen
Verschiedene elementare Instrumente liegen auf dem Boden. Die Kinder gehen um die Instrumente herum und betrachten die unterschiedlichen Formen und Größen.

In die Nähe der Instrumente wird ein Reifen gelegt, um den sich die Kinder gruppieren.

Ein Kind wählt aus den auf dem Boden liegenden Instrumenten drei aus und legt diese in den Reifen.

Ein Kind löst sich aus der Gruppe und macht einen „Spaziergang" im Raum. Währenddessen werden die Instrumente wieder aus dem Reifen genommen und leise an den ursprünglichen Platz gelegt.

Wenn das Kind nach einer Weile zurückkehrt, soll es sich noch erinnern können, welche Instrumente im Reifen waren.

Das Spiel soll öfter wiederholt werden. Es können bis zu fünf Instrumente in den Reifen gelegt werden.

Die beobachtenden Kinder können den einzelnen Kindern auch helfende Hinweise geben, z. B.: Das Instrument ist klein – dreieckig – hat Stäbe aus Holz – aus Metall . . .

Variante: Die Kinder spielen die Instrumente an und erkennen sie später mit geschlossenen Augen am Klang wieder.

Die Kinder sollen bei diesem Merkspiel nicht nur die Instrumente an der Form und am Klang erkennen, sondern auch mit der Spielweise vertraut gemacht werden und die Bezeichnung der Instrumente erfahren.

Mengen erkennen

Erfassen und Notieren

Reifen, Bauklötze, Malpapier und Kreiden
Der „Lerntrieb" im Kind kann durch immer neue und interessante Aufgabenstellungen angefacht werden, ohne das Kind intellektuell zu überfordern.

Schwierige Übungen sollen über Anschauung und Bewegung erlernt werden, damit das Kind sich die einzelnen Schritte bewußt macht und ohne Dressur zum positiven Ergebnis kommt. Das Kind erfährt eine Stärkung des Selbstbewußtseins, wenn es auch bei anspruchsvollen Aufgaben spürt: „Ich kann".

In einem Reifen liegen drei gleiche Bauklötze. Jedes Kind malt auf ein Papier einen Kreis mit drei Klötzen.

Die Menge der Klötze im Reifen wird über 5 bis zu 7 gesteigert. Die Klötze liegen nur einige Sekunden im Reifen, dann versuchen die Kinder, die Menge auf das Papier zu übertragen.

Kinder können kleine Mengen erkennen, ohne die einzelnen Elemente abzählen zu müssen. Allerdings bedarf es dazu gewisser Übung.

Etwas Faszinierendes für Kinder haben auch Buchstaben und Zahlen. Es ist immer wieder festzustellen, daß sie Freude am Üben von Zeichen und Symbolen haben und beispielsweise mit großer Ausdauer auch schon arabische Ziffern durch Nachahmung „schreiben".

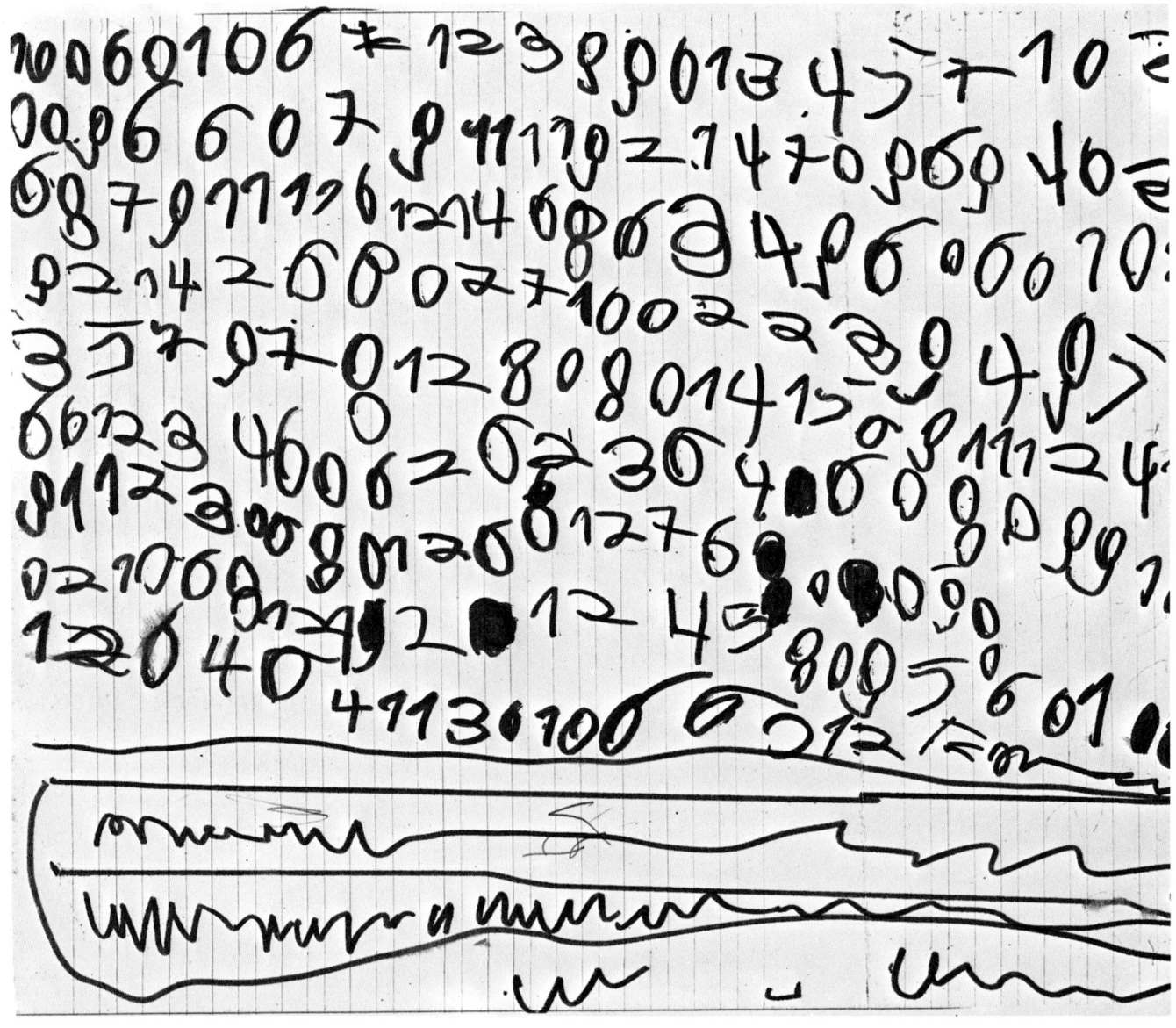

Raumwege
Raumaufteilung und Raumrichtungen

Seile, Farben, Papier
Die Kinder sitzen verteilt im Raum.
Ein Kind macht einen kurzen Spaziergang.
Es rennt, hüpft, schleicht, krabbelt.
Wer kann beschreiben, wie das Kind sich bewegt hat?
Wer kann es genau nachahmen?
Jedes Kind darf einmal spazierengehen, und jedes Kind soll sich eine neue Fortbewegungsart ausdenken.
Die Kinder haben einen ganz bestimmten Weg im Raum zurückgelegt.
Wer kann sich an seinen Raumweg erinnern? Wer kann ihn rückwärts gehen?
Die Raumwege werden mit Seilen oder Papierstreifen gelegt und dann aufgezeichnet, möglichst mit verschiedenen Farben.
Selbstverständlich kann man nicht erwarten, daß kleine Kinder selbst ausgeführte Raumwege und -richtungen ohne Hilfe aufzeichnen können.
Sie sollen jedoch allmählich erfahren, daß man durch Bewegung Räume (auch „Zeit"-Räume oder den „Raum" auf einem Malblatt) auf verschiedenste Art und Weise durchmessen, aufteilen, gliedern und – erleben kann.
Das Erlebnis des Raumes wird gesteigert, wenn alle Kinder zur gleichen Zeit ihren Raumweg gehen. Der Gruppenprozeß verläuft nun im Spannungsfeld zwischen Eigenrhythmus und Fremdrhythmus.
Diese Situation erfordert von allen Kindern ein hohes Maß an Aufmerksamkeit und gegenseitiger Rücksichtnahme: Niemand darf behindert werden, jeder soll ohne Beeinträchtigung sein eigenes Tempo einhalten können.

Begriffsbildung im Raum
Oben – unten, hinten – vorne, rechts – links, über – unter.

Die Kinder gehen im Raum spazieren und schauen sich alles genau an.
Wer kann den Raum beschreiben?
Wo sind die Fenster, Türen, Tische, Stühle?
Was hängt oben an der Decke?
Was liegt unten auf dem Fußboden?
Welches Bild hängt rechts vom Schrank, welche Pflanze steht auf dem linken Fensterbrett?
Welches Kind möchte hinter den Tisch laufen?
Wer will den Stuhl vor den Tisch stellen?
Wer setzt sich unter den Tisch?
Wer wirft den Ball über die Schnur?
Hinweis: Bei diesen Spielen kommt es darauf an, das Frage- und Antwortschema möglichst lebendig und interessant zu gestalten und immer neue Varianten zu finden.
Raumspiele sind für die allgemeine Begriffsbildung und für die Entwicklung von Situationsverständnis wichtig, auch für die Förderung des Denkens allgemein, denn alle Menschen denken in „Räumen" und „Bildern".
Wir verwenden räumliche Begriffe auch bei akustischen Ereignissen (hoch-tief) und seelischem Erleben (Unterbewußtsein).
Raumspiele aller Art kommen dem natürlichen Bewegungsbedürfnis eines Kindes sehr entgegen. Man erreicht den Abbau von Hemmungen und Verkrampfungen, findet inneres Wohlbefinden und kommt dem Verstehen unserer Umwelt näher.

Besteck
Begriffsbildung über Finger- und Armspiele

Die Kinder sitzen um den Tisch und ,,essen'', als wären ihre Finger Gabel, Messer und Löffel.
Wie müssen die Bestecke beschaffen sein?
Gabel – spitz (um die Kartoffel aufzuspießen),
Messer – scharf (um das Fleisch zu schneiden),
Löffel – gewölbt (um die Suppe zu schöpfen).
Die feinmotorischen Fingerbewegungen werden ,,vergrößert'' und auf den ganzen Arm übertragen:
Heugabel – spießt das Heu auf,
Sense – schneidet das Gras,
Eimer – schöpft das Wasser.
Malen: Löffel, Gabel, Messer.

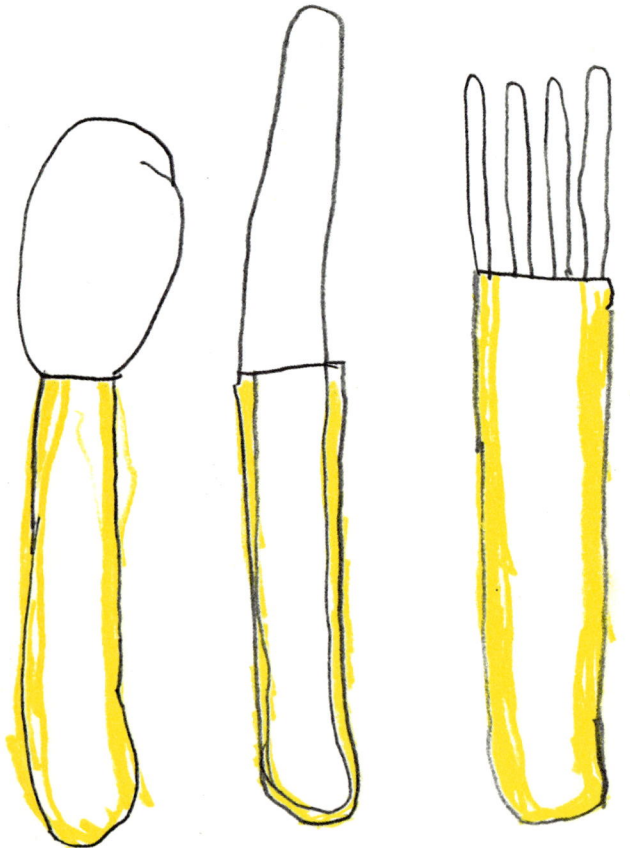

Der unsichtbare Ball
Kraft dosieren beim Denken und Bewegen

Kinder stellen sich vor, sie würden einen unsichtbaren Ball werfen, rollen, prellen, in die Höhe werfen, dem anderen zuwerfen, auffangen, an die Wand prellen, mit den Füßen antippen, stoßen, im Kreis von einer Hand zur anderen geben. . .
Alle Bewegungen werden ohne Ball ausgeführt. Die Kinder sehen einander zu und raten, was mit dem ,,Ball'' gemacht wird. Sie erkennen, daß der Aufwand an Kraft, der Bewegungsrhythmus und die Art der Bewegung sehr unterschiedlich sind.
Anschließend kontrollieren sie selbst ihre eigenen Fähigkeiten, um beim Spiel mit einem richtigen Ball die vorher imitierten Bewegungsformeln auszuführen.

Die klingenden Füße
Bewegungsarten

Schere und Zeitschrift
Kinder malen oder schneiden aus Zeitschriften Schuhe und Beine – auch Fußspuren – aus und versuchen daraus abzulesen, welche Art der Bewegung damit verbunden sein könnte. Sie beschreiben die Art der Bewegung und ahmen diese nach. Sie finden heraus, daß jede Form der Bewegung mit nackten Füßen oder verschiedenen Schuhen und daran angebrachten Utensilien auch unterschiedlich klingen kann. Sie erkennen durch Probieren, daß auch der Boden, auf dem sie sich bewegen, den Klang mitbestimmt (Straße mit Steinen, Asphalt, Sand – Boden mit Holz, Teppichboden, Linoleum . . .). Sie sammeln Bilder und Malereien von ,,Füßen'' und kleben miteinander eine Collage.

Unsere Namen

Sprachklang und Betonung

Bauklötze, Papierstreifen
Kinder rufen bekannte Vornamen (ihre eigenen, die der Geschwister und Namen anderer Kinder). Alle Kinder sollen gleichzeitig rufen, um einen Anreiz für immer wieder neu ,,gefundene'' Namen zu geben. Zugleich werden im Sprachklang der wetteifernden Kinder die gerufenen Namen unbewußt richtig betont.
Beispiele: Aléxander, Elísabeth, Ínge, Chrístian . . .

Das rhythmisch-dynamische Betonen wird anschließend bei einzelnen Namen auch gemeinsam durchgeführt, wobei das Sichtbarmachen die Betonung noch verdeutlichen kann.
Bei einem dreisilbigen Namen können beispielsweise drei Bauklötze die Silben bezeichnen. Die Betonung kann durch einen roten Bauklotz symbolisiert werden. Kinder sollen selbst probieren, wie man die richtige Silbenbetonung finden kann.
Papierstreifen (schmal – breit).

RENATE

49

Senkrecht – waagrecht
Begriffsbildung

Seile, bunte Farben und Fäden
Der Erzieher zeigt mit ruhigen Armbewegungen eine Senkrechte und eine Waagrechte. Er fordert die Kinder auf, die Gegenstände im Raum zu betrachten, zu beschreiben und in der Luft nachzuzeichnen.

Senkrecht sind die Stuhllehne, das Fenster, der Turm aus Bauklötzen,
waagrecht sind die Tischplatte, Regalböden, die Fußbodenleiste . . .

Ein Kind malt auf eine Tafel waagrechte Linien, ein anderes senkrechte: Durch die Kreuzung entsteht ein „Webmuster".

Transfer: Ein Webmuster wird mit bunten Farben aufgemalt (oder mit Fäden geklebt).

Beobachten und tasten
Begriffsbildung in der näheren Umwelt

Die Kinder betrachten alle Gegenstände im Raum und versuchen, die Grundform möglichst genau zu beschreiben. Sie fassen alle Dinge an, um die Beschaffenheit des Materials zu fühlen.

Es ergibt sich ein lebhaftes Frage- und Antwortspiel:

Welche Form hat die Lampe, der Tisch, das Buch, der Papierkorb?

Wie fühlt sich der Stuhl an, der Teppich, das Fensterglas, die Pflanze, das Glockenspiel, der Plastikeimer?

Was ist hart, was ist weich? Was ist glatt, was ist rauh?

Die Kinder werden aufgefordert, eine möglichst genaue Beschreibung zu geben. Sie sollen auch zu Hause Gegenstände anschauen und anfassen, um darüber berichten zu können. Die Formen aus ihrer Umwelt werden ihnen durch die Beobachtung bewußt; über den Tastsinn können sie die Beschaffenheit der Dinge erfahren.

Langsam – schnell
Begriffsbildung durch Vorstellungshilfen

Triangel, Seile

Die Kinder liegen auf dem Boden und kriechen möglichst langsam vorwärts.

Auf ein Signal (Triangel) müssen sie aufspringen und so schnell wie möglich rennen, auf ein weiteres Signal wieder langsam kriechen.

Vorstellungshilfe: die Schnecke kriecht langsam des Weges, die kleine Maus trippelt, huscht, flitzt, rennt . . .

Für Kinder ist das Umschalten aus der schnellen Bewegung in eine ruhige besonders schwer.

Variante: die Kinder bilden eine Kette und drehen diese langsam zur Spirale ein. Auf Zuruf wird die Spirale wieder ausgedreht. Schnecken malen (auch mit beiden Händen gleichzeitig).

Vorübung: Seile zu Spiralen legen.

Konzentrationsspiel
Formverläufe –
taktiler Reiz

Papier und Blätter

Kinder sammeln Blätter von verschiedenen Bäumen oder malen sich solche auf vorher in verschiedene Blattformen gerissenes Papier auf. Das Reißen von Papier fördert die Tastempfindung und Formauffassung.

Die Blätter (bei kleineren Kindern nur ein Blatt) legt man vorsichtig auf den Handrücken und geht damit im Raum umher. Unbewußt kommt ein konzentriertes Gehen zustande, damit durch die Eigenbewegung (die wiederum Luftbewegung verursacht) das Blatt nicht vom Handrücken gelöst wird.

Das Gehen im Raum kann verbunden werden mit einem bekannten Lied, das die Kinder leise vor sich hinsummen. Man kann einen Kreis bilden und dabei verabreden, daß beim Liedschluß alle Kinder wieder zu ihrem Platz im Kreis zurückkehren. Die Bewegung muß also auf die Dauer der Liedmelodie abgestimmt sein.

Sozialer Bereich

Fingerspitzen
Partnerspiel

Erzieher streckt seine Hand aus. Ein Kind sucht tastend – mit geschlossenen Augen – die Fingerspitzen des Erziehers.
Um das Tastempfinden zu verfeinern, sollen solche Konzentrationsspiele auch unter den Kindern stattfinden. Die Berührung soll ganz leicht sein – möglichst ohne zu sprechen. Sie kann Voraussetzung für andere Arten von Verständigung sein. Verständigung selbst setzt immer voraus, daß man mit dem andern „Berührung" hat, sich auf ihn „einspielt". Kontakt und Spiel sind also die wichtigsten Merkmale des Verstehens. Das von den Erwachsenen oft zitierte „Fingerspitzengefühl" ist ein feinfühliges Mittel konzentrierter Wahrnehmung. Diese ist für jeden Lernprozeß notwendig. Es gibt aber auch ein Lernen der Wahrnehmung: Beim Fühlen und Tasten, beim Sehen und Hören, beim Riechen und Schmecken.
Kleine Kinder sollte man immer wieder darauf hinweisen.

Gebärdensprache
Nonverbale Kommunikation bei Partnerübung

Je zwei Kinder sitzen einander gegenüber. Das eine Kind erteilt dem anderen einen Auftrag, indem es in Gebärde und Mimik möglichst genau seinen Wunsch äußert (es deutet etwa auf das Fensterbrett, von dem ein Blumentopf heruntergenommen und in die Ecke des Raumes gebracht werden soll) . . .
Ist der Auftrag ausgeführt, so erfolgt Partnerwechsel.
Variante: Ein Kind erteilt der Gruppe einen Gemeinschaftsauftrag (vom Tisch soll eine Decke genommen und ganz klein zusammengefaltet werden).

Ohne Worte
Spiel mit verschiedenen Geräten

Ball, Reifen, Holzstab
Zwei Kinder erhalten ein Gerät. Das Gerät soll möglichst wortarm eingeführt werden. Die Kinder erproben es selbst, finden Spielmöglichkeiten und einigen sich auf bestimmte Bewegungsabläufe.
Alle Beispiele werden vorgeführt und nachgeahmt.
Da der Impuls auf die Bewegung und nicht auf die Sprache zurückzuführen ist, eignen sich diese und ähnliche Spiele besonders für das Zusammenspiel mit Ausländerkindern. Das Umsetzen der Vorstellung in Bewegung fällt Kindern zunächst leichter als die Orientierung am gesprochenen Wort.

Führen und Folgen
Koordinieren im Raum

Reifen

Je zwei Kinder tragen zusammen einen Reifen. Das erste Kind führt, das zweite folgt mit geschlossenen Augen. Alle Kinder gehen leise im Raum, solange eine Melodie erklingt. Die führenden Kinder achten darauf, daß die anderen Paare nicht berührt werden.

Wenn die Melodie zu Ende ist, stehen alle Kinder völlig ruhig. Auf ein akustisches Signal erfolgt Rollenwechsel.

Diese Übung wird nach einiger Zeit auch mit drei oder vier Kindern ausgeführt. Die Reihenfolge der führenden Kinder wird vorher festgelegt, der Wechsel soll möglichst leise und schnell erfolgen.

Anpassung und Selbständigkeit
Gruppendynamik

Die Kinder stehen in der Gruppe und haben gegenseitigen Kontakt (etwa Hand auf der Schulter eines anderen Kindes).

Die Musik gibt einen Grundrhythmus, in dem sich die Gruppe bewegt. Alle Schwankungen des Tempos und der Lautstärke in der Musik muß die Gruppe als Ganzes nachvollziehen.

Damit die Gruppe als Ganzes „atmet", muß ein ständiger Ausgleich stattfinden und das Verhalten des Einzelnen dem Gruppenprozeß untergeordnet werden.

Statt der unmittelbaren Kontaktaufnahme durch Arme und Hände können auch Reifen als „Kontakt"-Material genommen werden.

Ball im Kreis
Koordination über Tastempfinden schulen

Ein Ball

Die Kinder stehen im Kreis, ein Ball wandert von Hand zu Hand . . .,
wird hinter dem Rücken weitergegeben . . .,
über den Kopf weitergereicht . . .,
im Sitzen mit den Zehen weitergerollt . . .,
mit beiden Füßen gepackt und weitergereicht . . .,
mit geschlossenen Augen im Kreis gerollt.
Bei diesen Übungen ist es sehr wichtig, Hand in Hand zu arbeiten, damit das Gleichmaß und das Tempo nicht unterbrochen werden.

Malen: bunte Bälle auf ein Blatt verteilen.

Hölzchendomino
Fantasie und Gedächtnis

Vierkanthölzer oder Bausteine

Jedes Kind hat ein Hölzchen. Die Kinder gehen im Raum, auf Zuruf legt ein Kind sein Hölzchen auf den Boden. Die Kinder gehen weiter, bis ein anderes Kind gerufen wird. Dieses legt sein Hölzchen an das erste an. Auf diese Weise werden der Reihe nach alle Hölzchen auf den Boden gelegt und es entsteht ein „Domino"-Spiel.

Das entstandene Muster wird betrachtet und aufgemalt. Wer kennt den Platz seines Hölzchens noch?

Jedes Kind holt sein Hölzchen und das Spiel beginnt von vorne.

Zum Schluß werden alle gemalten Muster nebeneinander gelegt und miteinander verglichen.

Bummelzug und Schnellzug
Gruppenbewegung koordinieren

Die Kinder werden in zwei Gruppen eingeteilt und als „Züge" auf einem Bahnsteig aufgestellt. Am Anfang eines jeden Zuges steht der Lokomotivführer, der den Bewegungsablauf bestimmt.

Der erste Zug ist ein Schnellzug, der zweite Zug ist ein Bummelzug.

Der Erzieher spielt auf dem Glockenspiel (oder 2 Pauken) Viertel- oder Achtelnoten für Bummel- oder Schnellzug. Die Kinder entnehmen der Musik, welcher Zug gerade fahren soll. Manchmal fahren auch beide Züge gleichzeitig!

Die Schwierigkeit bei diesem Spiel liegt in der Gruppendynamik, d. h. daß alle Kinder ihre Bewegung aufeinander abstimmen müssen. Es bedeutet, daß einige Kinder sich zügeln, andere dagegen ihr Tempo beschleunigen müssen.

Die Zugkette soll nie auseinanderreißen! Auf jedem „Bahnhof" (Pausen) wird der Lokomotivführer ausgewechselt, bis alle Kinder einmal Lokomotivführer waren.

Das Spiel kann für den Erzieher ein Anlaß sein, um über Situationen auf einem Bahnhof zu sprechen. Das ständige Kommen und Gehen kennzeichnet die Bewegung auf einem Bahnhof: Die einen sind eilig und rennen, die anderen stehen ruhig, um Fahrpläne zu lesen und Fahrkarten zu kaufen, und viele gehen langsam, tragen Koffer und Taschen.

Auch unterschiedlichste Geräusche werden wahrgenommen: Maschinenlärm, das Rollen der kleinen und großen Gepäckwagen, die Pfeife des Schaffners, Schritte, Stimmengewirr verschiedener Sprachen, Lautsprecherdurchsagen . . .

Dem Temperament der Menschen entsprechen die Gruß- und Abschiedsformen: Händeschütteln, Umarmung, rufen, lachen, weinen, winken . . .

Spielplatz

Sozialverhalten

Alle unterhalten sich über Situationen auf dem Spielplatz. Hier treffen sich täglich viele Kinder.

Was ist auf dem Spielplatz los?

Es gibt verschiedene Spielgeräte:

Kletterstange,

Wippe,

Karussell,

Rutsche,

Seilbahn,

Sandkasten, Spielhäuser.

Im pantomimischen Spiel stellen die Kinder Spielplatzsituationen dar

Bewegen: klettern, rutschen, steigen, fallen, drehen, springen, wippen, fahren, schaufeln, hopsen, kriechen . . .

Hören: schreien, lachen, rufen, singen, weinen, streiten, quietschen . . .

Riechen: Sand, Blumen, Holz, Metall, Gras.

Im darstellenden Spiel wird den Kindern bewußt, daß das Verhalten auf dem Spielplatz sich besonders im sozialen Spannungsfeld zwischen Einzelnem und der Gruppe abspielt: Die Kinder spielen miteinander, sie streiten miteinander, und es gibt auch immer Einzelgänger, die sich absondern.

Transfer: gemeinsame Collage, auf der die Spielsituationen dargestellt werden.

Reifenspiel zu zweit
Sozialverhalten

Reifen

Erzieher (oder Kind) hält eine Anzahl Reifen am Boden, Kinder warten auf Blickkontakt und machen sich einzeln bereit, den rollenden Reifen aufzufangen – auch dann, wenn er nicht direkt auf das durch Blickkontakt verständigte Kind zurollt.

Nur die Hälfte der Kinder bekommt einen Reifen. Die „Reifenkinder" suchen sich einen Partner, indem sie diesen mit dem Reifen behutsam einfangen. Das Kind im Reifen läßt sich vom Kind außerhalb des Reifens im Raum führen.

Das Spiel soll möglichst leise und langsam ausgeführt werden. Bei genügend Sicherheit und Selbstvertrauen kann das Kind im Reifen sogar die Augen schließen.

Großer und kleiner Kreis
Konzentration und Koordination

Die Kinder sitzen im Kreis, ein Kind geht im Grundmaß einer bekannten Liedmelodie um den Kreis herum. Ist diese zu Ende, bleibt es hinter einem anderen Kind stehen und setzt sich auf den Boden. Das Spiel geht weiter bis alle Kinder in einem größeren Kreis sitzen.

Der Erzieher blinzelt ein Kind an, das sofort aufsteht . . ., bis alle Kinder stehen.

Die Kinder stehen im Kreis und halten sich an den Händen. Gemeinsam heben und senken sie die Arme, öffnen und schließen den Kreis (wie eine Blume). Bei dieser Übung ist eine genaue Zusammenarbeit nötig, um eine harmonische Bewegung zu erreichen.

Spiel mit Klanghölzern
Metrum und Klang beim Musikhören

Klanghölzer, Schallplatte mit Kindertanz Kinder gehen paarweise im Raum. Jedes Kind hält ein Klangholz in der Hand.

Die Musik gibt den Takt an. Die Kinder schlagen im Gehen die Klanghölzer gegeneinander. Sie versuchen auch gemeinsam weiterzugehen und auf die Klanghölzer zu schlagen, wenn die Musik aufhört. Durch aktives Erleben können sie mit der Musik bekannt gemacht werden und das Metrum nachempfinden.

Wenn Kinder am Ort stehen bleiben – z. B. im Kreis nebeneinander – ist das Metrum der Musik leichter zu erfassen. Die Klanghölzer sollen nur leicht angeschlagen werden.

Je zwei Kinder knien einander gegenüber, legen ein Klangholz auf den Boden und rollen mit den Handflächen das Klangholz (wie ein Wellholz) vom Körper weg und wieder zurück, ohne es loszulassen. Sie können diese gleichmäßige Bewegung in gleicher Richtung oder in Gegenrichtung ausführen.

Mit Klanghölzern kann man die verschiedensten Klänge erzeugen. Hält man sie aufrecht und schlägt sie der Länge nach gegeneinander, ist das Geräusch hell und knallend. Hält man sie wie „Hammer" und „Nagel", ist der Klang stumpf und dunkel, weil die Hände, die „Nagel" und „Hammer" umschließen, das entstehende Geräusch dämpfen. Spielt man beim Musikhören mit, soll das Spiel auf dem Klangholz leise sein. Man kann nach einer längeren Taktfolge die Klangfarben wechseln: Klanghölzer wie „Messer wetzen", auf den Körper tippen, in die Handfläche klopfen, auf dem Fußboden reiben.

Melodieverlauf
Hören und Zeigen

Seile, Flöte

Je zwei Kinder halten ein Seil in den Händen. Die Flöte spielt sehr langsam eine auf- und absteigende Melodie. Die Kinder halten bei den hohen Tönen das Seil hoch, bei den tiefen Tönen senken sie das Seil.

Variante 1: Zwei Kinder sitzen auf dem Boden und versuchen, das Seil barfuß mit den Zehen zu packen. Das Seil soll entsprechend dem Melodieverlauf möglichst in gleicher Höhe gespannt sein. Die beiden Kinder müssen deshalb ihre Bewegungen genau aufeinander abstimmen.

Variante 2: Diesmal teilen sich vier Kinder ein Seil. Die Koordination der Bewegungen ist viel schwieriger. Nach mehrmaliger Wiederholung kann die Übung mit geschlossenen Augen probiert werden. Auch jetzt soll das Seil immer den Verlauf einer auf- und absteigenden Melodie anzeigen.

Transfer: Der Erzieher spielt die Melodie, während die Kinder den Melodieverlauf auf einem Blatt Papier mitzeichnen. Die grobmotorische Bewegung mit dem Körper wird nun „verkleinert" und auf eine feinmotorische Bewegung der Hand übertragen.

Die Kinder können auch eine Gemeinschaftsarbeit herstellen, indem sie „Melodiefäden" auf ein großes Plakat kleben.

Spiele mit dem Seil
Kommunikation und Erfindung

Seile, Gong (Becken)

Je zwei Kinder spielen mit einem Seil. Sie legen Muster auf den Boden, besprechen mit anderen Kindern, welche Formen entstanden sind: Schlange, Schnecke, Feuerwehrschlauch, Kreis, Fisch, Peitsche . . .

Aufgabe a: Ein Gong wird angeschlagen, solange er klingt, sollen die Kinder ein Muster legen. Bei jedem neuen Gongschlag entsteht eine andere Form. Die Kinder müssen sich also ganz rasch verständigen.

Aufgabe b: Je vier Kinder teilen sich in ein Seil. Die Verständigung wird schwieriger, da sich nun vier Kinder innerhalb kurzer Zeit einigen müssen.

Aufgabe c: Jedes Kind erhält ein Seil. Alle legen gemeinsam ein Muster. Sie können sich dabei verständigen und einigen, z. B. auf ein Schiff, ein Auto . . .

Die Aufgabe kann aber auch ohne Worte gelöst werden: Jeder legt sein Seil zu einem gemeinsamen „Bild".

Seilformen und -muster können aufgemalt werden. Um Formen und Muster besser zu „begreifen", werden sie mit geschlossenen Augen abgetastet.

Mit Seilen werden „Raumwege" gelegt. Mit nackten Füßen werden die „Raumwege" – auf den Seilen balancierend – erfühlt.

Spiegel
Nachahmung differenzieren

Reifen

Je zwei Kinder sitzen oder stehen einander gegenüber.

Das erste Kind führt eine Bewegung aus, die das zweite Kind als „Spiegelbild" möglichst genau nachahmt.

Auf ein akustisches Signal erfolgt Rollenwechsel.

Bei diesem Spiel kommt es darauf an, sich auf das Gegenüber zu konzentrieren und in der Nachahmung dem Vorbild möglichst nahe zu kommen. Je länger das Spiel geübt wird, desto mehr wird die Technik der Imitation verfeinert.

Die Kinder sollen befähigt werden, jede feine Regung bis hin zum mimischen Ausdruck nachzuvollziehen. Dazu ist sehr viel Konzentration und Einfühlungsvermögen in den Anderen nötig.

Variante: Das Spiel kann auch mit einem Reifen als „Spiegel" ausgeführt werden. Dabei liegt die linke Hand beider Kinder auf dem Reifen, die rechte Hand führt die spiegelverkehrte Bewegung aus.

Der Begriff des „Spiegelverkehrten" wird den Kindern augenfällig, wenn sie in einen richtigen Spiegel schauen. Sie führen mit Ausdauer und Hingabe die unterschiedlichsten Bewegungen aus. Dabei beobachten sie genau die Mimik und Gestik.

Aufgabe: Ein Kind macht eine bestimmte Bewegung, die alle anderen Kinder gemeinsam nachahmen sollen. Beim Blick in den Spiegel sehen die Kinder, daß es recht schwierig ist, eine Bewegung genau zu imitieren ohne allzusehr zu übertreiben. Vor allem die Mimik wirkt oft verzerrt und unnatürlich. Durch Übung gewinnt das Kind Kontrolle über seine Motorik.

Tücherspannen
Koordination

Tuch

Ein quadratisches Nylontuch wird von zwei Kindern an je zwei Zipfeln gehalten. Sie gehen im Raum spazieren und achten darauf, daß das Tuch gleichmäßig gespannt bleibt.

Zur Kontrolle wird auf jedes Tuch ein leichter Gegenstand gelegt. Er darf nicht herunterfallen und muß für die anderen Kinder immer sichtbar bleiben (Tuch gespannt).

Variante 1: Dieselbe Übung wird mit vier Kindern ausgeführt, wobei jedes Kind einen Zipfel anfaßt. Es erfordert große Konzentration, während des Gehens die Bewegungen aufeinander abzustimmen.

Variante 2: Zwei oder vier Kinder führen die gespannten Tücher – ohne Gegenstand – während des Gehens und Laufens abwechselnd zur Höhe und zum Boden, ohne die Bewegung zu unterbrechen. Es entsteht ein farbig-rhythmisch-dynamisches Spiel.

Variante 3: Kinder spannen mit bunten Tüchern ein Zelt. Bei einem Rundzelt stellen sich zwei oder drei Kinder in die Kreismitte und halten mehrere Tücher, die von anderen Mitspielern nach außen gespannt werden. Bei einem Rechteckzelt bildet die Aneinanderreihung von kleinen Quadraten (ein Tuch wird von vier Kindern gespannt) ein buntes Dach.

Kleine gemeinsame Aufgaben sind bei Kindern sehr beliebt, deshalb finden sie mühelos weitere Zeltvarianten. Auch Erwachsene, die alle Rhythmischen Kurzspiele zur Selbsterfahrung ausprobieren sollten, spüren, wie man Kraft sparsam dosieren kann.

Schiffspiel
Gruppenbewegung

Tamburin, Seil

Die Kinder stehen in einer Reihe und zeigen mit beiden Händen eine gleichmäßige Wellenbewegung: auf, ab, auf, ab ... Das Tamburin gibt den Grundschlag, der manchmal langsamer und manchmal schneller ist. Die Pendelbewegung aller Kinder soll genau übereinstimmen.

Bei der nächsten Übung stehen die Füße fest auf dem Boden, nur der Oberkörper führt die Pendelbewegung aus.

Vorstellungshilfe: alle Kinder stehen auf einem Schiff, das langsam – oder schneller – auf den Wellen tanzt. Ein Seil wird gespannt, das alle anfassen. Im Tempo der Musik soll eine völlig gleichmäßige gemeinsame Bewegung gefunden werden. (Schwanken).

Malen: Ein Schiff, das auf den Wellen tanzt.

Dirigieren im Raum
Bewegung richtig deuten

Ein ,,Dirigent'' steht vor der Gruppe und zeigt mit der Hand, was diese tun soll:
– in die rechte Ecke laufen,
– in die linke Ecke laufen,
– auf den Boden sitzen,
– in die Luft springen,
– auf die Stühle steigen,
– unter dem Tisch hindurchkriechen,
– vorwärts gehen,
– rückwärts gehen,
– sich hinlegen.

Die Impulse des Dirigenten müssen so deutlich sein, daß man sie mühelos von der Bewegung ablesen kann.

Jedes Kind darf einmal Dirigent sein und wird aufgefordert, eine neue Aufgabe zu erfinden.

Telefonspiel
Verständigung über Medium

Das klingende Sinnbild der Verständigung ist heute das Telefon. Es gibt zunächst Signale, die für sich schon Information sind. Man kann sie erkennen: _____
= langezogener Dauerton = Amtszeichen,
— — — — = Frei- oder Rufzeichen
. . . . = Besetztzeichen.
Stimme und Gehör sind beim Telefonieren in enger Form verbunden. Man muß sich „einspielen" auf den Partner.

Kinder „spielen" Telefon. Sie unterhalten sich, ohne daß sie sich sehen können, über selbstgewählte Themen. Sie merken dabei, daß man sich auf den Partner einstellen muß, viel intensiver, als dies bei einem direkten Gespräch der Fall ist.

Es fehlen nämlich die Gesten, der mimische Ausdruck, also die Bewegung, mit der das gesprochene Wort ergänzt wird.

Kinder malen ein Telefon. Sie versuchen, auch die akustischen Signale aufzuzeichnen.

Klang-Gespräch
Sozialverhalten und Fantasie

Zwei kleine Handtrommeln oder kleine Kartons

Zwei Kinder haben kleine Handtrommeln oder Kartons, auf denen man trommeln, reiben, kratzen, wischen und tippen kann. Sie „unterhalten" sich durch Klänge und Geräusche, ohne dabei zu sprechen. Die anderen Kinder überlegen sich, ob das Klang-Gespräch ärgerlich, streitend, erzählend, bittend, ruhig, temperamentvoll, freundlich, unruhig, langsam . . . war – ob beide zugleich „gesprochen" haben.

Die Kinder, die am Klang-Gespräch beteiligt sind, sollen auch durch entsprechende Bewegungen ihre Gefühle zum Ausdruck bringen und durch Bewegungsgestik die Klanggestik unterstreichen.

Auch mit dem Erzieher kann eine solche Unterhaltung stattfinden.

Lucie Steiner ist 1925 in Stuttgart geboren. Sie war nach Studium und Lehrerberuf künstlerisch tätig sowie Lehrerin an der freien Werkschule Merz.

Bereits in den 60-Jahren entwickelte und erprobte sie eigene Modelle für musikalische Früherziehung. Von ihr gibt es mehrere Veröffentlichungen auf diesem Gebiet: ,,Rhythmisch-musische Erziehung'' (Hänssler), Beiträge für ,,Musik und Bildung'', ,,Bewegungserziehung in Kindergarten und Grundschule'' (Klinkhardt), Mitautorin in ,,Musikalische Früherziehung'' und ,,Grundausbildung in Musik'' (Bosse).

Bis heute ist Lucie Steiner engagiert in der Praxis tätig. Seit Jahren leitende Tätigkeit bei der Fortbildung für Soziale Berufe.

Ingrid Engel 1937 in Berlin geboren, Abitur, Rhythmikstudium in Stuttgart. Seit 1969 Lehrerin für Rhythmik, musikalische Grundausbildung und Rhythmisch-musische Erziehung an der Stuttgarter Musikschule.

Ihre Tätigkeit als Dozentin für Fortbildungslehrgänge und als Lehrerin liegt vor allem im vorschulischen Bereich.

Musik und Bewegung und Musiktherapie sind ihre wesentlichen Erfahrungs- und Interessengebiete.

Inhaltsverzeichnis zur

Mach-mit-Cassette

zum Buch „Rhythmische Kurzspiele“ von Lucie Steiner und Ingrid Engel

Bestell-Nr.: BE 1290 MC

Musik: Luis Steiner

Die Hörbeispiele sollen aktivieren zur spontanen und einfallsreichen Bewegung und eventuell zum Mitspielen auf einfachen Instrumenten.

Dem elementaren Bedürfnis der Kinder, sich selbst darzustellen und unsere Umwelt rhythmisch zu gestalten, kommen die verschiedenartigen Beispiele nach.

Als methodisch-anregende Hilfen können sie mehreren Kurzspielen zugeordnet werden. Die Hinweise zu den einzelnen Beispielen sind nicht als starre Spielregeln zu verstehen, sondern auch als Impulse zu Varianten und neuen Ideen spielerischer Gestaltung.

Klänge und Geräusche aus der Umwelt fordern zum Hören, Spielen und Erfinden auf.

Die mit ● bezeichneten Ausführungen sind Ergänzungen zu den mit Buchseitenzahl bezeichneten Kurzspielen.

Die mit – bezeichneten Ausführungen und Anregungen betreffen neue Spielvorschläge.

Mach mit

Spielmusik mit Schwerpunktbetonung, Taktwechsel (4/4 und 3/4 Takt) und durchlaufendem Metrum, geeignet zum Spiel mit Materialien und Körperinstrumenten.

Spielanregungen

S. 10 Fingerspiele
- ● Sie können auch auf Handtrommeln oder beliebig wechselnden Gegenständen durchgeführt werden.

S. 10 Ballspiele
- ● Wenn der Ball auf den Boden geprellt wird, zunächst je 8 Takte lang auf

Zählzeit	$\underline{1}$	2	3	4	(einmal innerhalb eines Taktes)
dann	$\underline{1}$	2	$\underline{3}$	4	(zweimal)
dann	$\underline{1}$	$\underline{2}$	$\underline{3}$	$\underline{4}$	(viermal)
dann	$\underline{1}$	2	3		(einmal)

Alle Spielbewegungen können – je nach Geschicklichkeit – auch entsprechend koordiniert oder verschiedenen Gruppen zugeordnet werden.

S. 16 Singen, klatschen, gehen

S. 55 Anpassung und Selbständigkeit
- ● Wenn zum Bewegungsspiel Reifen verwendet werden, kann die Betonung durch Schwingen, Drehen und Pendeln markiert werden.

S. 58 Spiel mit Klanghölzern

Konzentrationsmusik

Spielmusik mit drei Melodieteilen, die zur Bewegungserfindung motivieren.

Leichtigkeit, Lockerheit und Empfindsamkeit sollen zur Konzentration führen und im Umgang mit den entsprechenden Materialien sensibilisieren.

Spielanregungen

S. 19 Feine Stäbchen
- ● Durch die Gliederung der Melodieteile können Bewegungen im Raum differenziert und Balancemöglichkeiten gewechselt werden. Auch zum Spiel mit Papierbällen geeignet.

Hörumwelt

Durch Hören und Nachahmen von Klängen und Geräuschen unserer Umwelt sollen Kinder entdecken, daß verschiedene Klangereignisse – auch wenn sie geräuschhaft anmuten – gut unterscheidbar sind: Sie klingen laut oder leise, hoch oder tief, schnell oder langsam, gleichmäßig oder ungleichmäßig, sie werden schneller oder langsamer, haben unterschiedliche klangliche Färbung.

Wenn Kinder Klänge und Geräusche aus ihrer Umwelt hören, erkennen, beschreiben und zuordnen, dann ist dies meist mit einem unmittelbaren Bewegungsanreiz und Nachahmungsdrang verbunden. Man gewinnt ein natürlich aktivierendes Element, das Bewegungs- und Sprachhemmungen lösen hilft.

Spielanregungen

Holz sägen	– Geräusch mit der Stimme nachahmen
	– auf Handtrommeln durch Kratzen und Wischen ähnliche Klänge erzeugen
	– Bewegungsablauf des Sägens als Partnerspiel ausführen (Arme gleiten als „Säge" hin und her).
	– Geräusch als gleichmäßig erkennen.
Klopfen	– Klang hören, beschreiben und nachahmen
	– als unregelmäßig und metallich klingend erkennen.

Pochen   – Rhythmische Struktur (♫ ♩) durch Handhabung verschiedener Gegenstände spielend nachahmen
– Hell und Dunkel des Geräusches heraushören.

Autohupe	– Warnsignal erkennen; dazu eine Geschichte erzählen und Bewegungsspiel erfinden
	– den Klang verschieden klingender Hupen und Signale mit Stimmen und Instrumenten nachahmen.
Tropfen	– Auf leise wisperndes Geräusch horchen
	– Schallquelle erraten
	– durch Zungen- und Gaumenschnalzen verschiedene Tropfgeräusche imitieren.
Türen-Schlagen	– Lautes Türen-Schlagen und das schleifende Geräusch des Zuziehens einer Tür durch Händeklatschen und Füßeschleifen nachahmen. Die Pause zwischen den Geräuschen soll bewußt werden
	– auf einer Pauke (Fell) durch Schlagen und Ziehen eines Schlägels ähnliche Klänge erzeugen.

Mitspielstück

Bevor Kinder beim Mitspielstück eventuell mit eigenen Instrumenten aktiv werden, sollten sie selbst welche basteln und mit den verschiedenen Arten einfacher Instrumente schon etwas bekannt sein.

Instrumente aus Fell, Metall und Holz haben unterschiedliche Klangfarben und sind beim rondoartigen Mitspielstück rhythmisch erkennbar eingesetzt.

Spielanregungen

Wenn eine genügende Anzahl von Instrumenten vorhanden ist, können für einzelne Kinder verschiedene Instrumente bereitgelegt werden. Die einzelnen Instrumentengattungen können aber auch drei Gruppen zugeordnet werden, so daß eine Gruppe spielt, während die anderen beiden pausieren.

Die Mitspielinstrumente werden im Stück angekündigt.

Rasseln und Schellentrommeln beginnen

Triangeln und Metallstäbe folgen

Holzblocktrommeln und Klanghölzer spielen

Im Schlußteil spielen alle zusammen. Das Stück wird wiederholt. Die Begleitungsmusik der Kinder soll das Hörbeispiel nicht übertönen.

S. 30 Klangfantasie	● Im vorbereitenden Spiel zum Mitspielstück lernen Kinder akustische, optische und bewegungsmäßige Gemeinsamkeiten. Sie versuchen – bei aller Aktivität – präzis und mit reduzierter Lautstärke zu reagieren.
S. 34 Holz – Metall – Fell	● Wie bei der Spielaufgabe dieses rhythmischen Kurzspiels sollen auch beim Mitspielstück der Cassette die Instrumente durch Hören zunächst erkannt werden.

Malen und Tanzen

Spielstück, dessen Tempo gleichmäßig durchläuft und zum Tanzen aktiviert.

Um das Gleichmaß des Tempos aufzunehmen und sich einzuprägen, sind Malspiele zur Kontrolle des Bewegungsablaufes für Kinder interessant, weil sie die Bewegung in Farbe sehen und der Höreindruck durch die Bewegung gespeichert wird.

Durch den Aufforderungscharakter anderer malender Kinder, die an einer auf dem Boden liegenden Tapete einander gegenüber sitzen, gewinnt die Motorik an Festigkeit und Prägnanz.

Spielanregungen

S. 17 Nebeneinander – übereinander	● verschiedene Farbstifte verwenden.
S. 27 Gleichmaß	● Metrum beim Malspiel aufnehmen
	● beim Tanzspiel alle Bewegungsarten ausprobieren, gemeinsam durch Nachahmen (oder Zuruf) ausführen, z.B. gehen, laufen, hüpfen, trippeln, schleichen, drehen, schaukeln, wippen, galoppieren . . .

Es empfiehlt sich, zwischen ruhiger und lebhafter Bewegung zu wechseln. Bewegung am Ort, im Raum, allein, mit Partner und Gruppe geben weitere Varianten. Geschicklichkeit, Tempoanpassung, Bewegungserfindung und Motivation zum gemeinsamen Spiel werden gefördert (auch Kinder mit Erwachsenen zusammen).

Gesten und Gebärden

Klänge und Geräusche aus unserer Umgebung, die wir mit der Stimme, unseren Gliedmaßen und durch verschiedene Bewegungsarten nachahmen, werden besonders sinnenhaft und ausdrucksvoll, wenn wir sie mit charakteristischen Gesten und Gebärden darstellen.

Spielanregungen

Schritte im Raum	– Das Näherkommen und sich wieder Entfernen von Schritten im Raum, soll die Fantasie anregen und auffordern zum eigenen Produzieren von „Schrittspielen" mit verschiedenen akustischen Mustern.
Windgeräusch	– Das Auf- und Abschwellen des Geräusches ist mit der Stimme gut darstellbar und soll auch auf Instrumenten versucht werden.
Marschmusik	– Die Suggestion von Marschmusik gibt einen Sofortimpuls zur gleichmäßigen, staccatohaften Bewegung, die sich auch beim Verklingen noch eine Weile fortsetzt.
Regen	– Manchmal sind Geräusche aus unserer Umwelt „vieldeutig", erst durch bestimmte Gesten und Gebärden werden sie „eindeutig". Ein Regengeräusch wird beim Hören erkennbar, wenn wir mit den Fingernägeln auf den Tisch trommeln
	– ein „Beifall"-Geräusch wird erkennbar, wenn wir dazu klatschen.
Dampflokomotive	– Das langgezogene Zischen, das der allmählich sich steigernden Geschwindigkeit vorausgeht, kann von Kindern gut erkannt und selbst rhythmisiert werden
	– das Hörbeispiel ist auch ein beliebtes „Vorspiel" zu Eisenbahn-Liedern.
Telefon	– Die kurzen Punktklänge – charakteristisches Symbol für „besetzt" – können gut als Notation aufgezeichnet werden. Aus Gesten und Gebärden, die wir beim Telefonieren nicht sehen, sollen Kinder bestimmte Themen ablesen lernen (wie S. 62 Telefonspiel).

Klatsch – patsch

Bei kleinen Kindern wird das Spiel mit Körperinstrumenten oft zu Unrecht vernachlässigt. Im 4er und 3er Takt können die verschiedenartigen Begleitklänge der einstimmigen Melodie einen akustischen Reiz verleihen. Auch für große Gruppen und Erwachsene wird daraus ein fröhlich-rhythmisches Spiel.

Spielanregungen

Vorspiel und einstimmige 8-Takt-Melodie hören (der letzte Takt signalisiert das jeweilige Mitmachen)

4/4 Takt klatschen (8 Takte)

      klopfen (8 Takte)

      Hände reiben (8 Takte)
      (oder Papier)

      stampfen (8 Takte)

      stampfen und
      patschen (8 Takte)

3/4 Takt stampf, klatsch,
      patsch (bis Musik Ende)
      oder
      improvisieren

Alle Körperinstrumente können auch auf Instrumente „übertragen" werden. Wenn man die Melodie mitsummt, wird die rhythmische Sicherheit erhöht.

S. 33   Körperinstrumente

Musik – Zirkus

Spielmusik mit solistischen Einlagen.

Spielanregungen

Beim Musizieren über Vorstellungshilfen sind Kinder besonders spontan und fantasiereich. Wenn sich mit einem Trommelwirbel und einem Glissando gewissermaßen der Zirkusvorhang öffnet, machen

– alle mit: Beifall klatschen oder als Clowns Späße treiben
– Glockenspielsolo: Die Seiltänzerin zeigt Kunststücke
– alle tanzen
– Trommelwirbel: Der Akrobat tritt auf
– alle klatschen Beifall oder tanzen
– Xylophon: Tanzweise für einen Bären
– alle tanzen
– Pauken und Piccolo: Die Elefanten kommen, Äffchen necken
– fröhliches Finale im improvisierenden Spiel

Siehe auch S. 35   Zirkus   mit weiteren Vorschlägen.

S. 28   Tiere   ● als Vorbereitungsspiel sind diese Anregungen besonders geeignet.

GUSTAV BOSSE VERLAG REGENSBURG